JN098493

杉本敏夫 監修
最新・はじめて学ぶ社会福祉

心理学と心理的支援

宇惠 弘・多田美香里・木村志保

編著

ミネルヴァ書房

シリーズ刊行によせて

　この度，新たに「最新・はじめて学ぶ社会福祉」のシリーズが刊行されることになった。このシリーズは，もともと1998年に，当時岡山県立大学の教授であった故大島侑先生が監修されて「シリーズ・はじめて学ぶ社会福祉」として始まったものであった。当時，現監修者の杉本も岡山県立大学に勤務しており，一部の執筆と編集を担当した。そのような縁があって，その後，杉本が監修を引き継ぎ，2015年に「新・はじめて学ぶ社会福祉」のシリーズを刊行していただいた。

　この度の新シリーズ刊行は，これまでの取り組みをベースに，ちょうど社会福祉士の新しく改正されたカリキュラムが始まることに対応して新しいシラバスにも配慮しつつ，これからの社会福祉について学べるように改訂し，内容の充実を図るものである。また，これまでのシリーズは社会福祉概論や老人福祉論といった社会福祉の中核に焦点を当てた構成をしていたが，今回のシリーズにおいては，いままで以上に社会福祉士の養成を意識して，社会学や心理学，社会福祉調査等の科目もシリーズに加えて充実を図っているのが特徴である。

　なお，これまでの本シリーズの特徴は，①初心者にもわかりやすく社会福祉を説明する，②社会福祉士，精神保健福祉士，介護福祉士，保育士等の養成テキストとして活用できる，③専門職養成の教科書にとどまらないで社会福祉の本質を追究する，ということであった。この新しいシリーズでも，これらの特徴を継続することを各編集者にはお願いをしているので，これから社会福祉を学ぼうとしている人びとや学生は，そのような視点で社会福祉を学べるものと思う。

　21世紀になり，社会福祉も「地域包括」や「自助，互助，共助，公助」と

いった考え方をベースにして展開が図られてきた。そのような流れの中で，社会福祉士や精神保健福祉士もソーシャルワーカーとしての働きを模索，展開してきたように思うし，ソーシャルワーカー養成も紆余曲折を経ながら今日に至ってきた。複雑多様化する生活問題の解決を，社会がソーシャルワーカーに期待する側面もますます強くなってきている。さらには，社会福祉の専門職である保育士や介護福祉士がソーシャルワークの視点をもって支援や援助を行い，社会福祉士や精神保健福祉士と連携や協働が必要な場面が増加している。それと同時に，社会福祉士や精神保健福祉士としての仕事を遂行するのに必要な知識や技術も複雑，高度化してきている。社会福祉士の養成教育の高度化が求められるのも当然である。

　このまえがきを執筆しているのは，2021年1月である。世の中は新型コロナが蔓延しているまっただ中にある。新型コロナは人びとの生活を直撃して，生活の困難が拡大している。生活の困難に対応する制度が社会福祉の制度であり，それを中心となって担うのが社会福祉の専門職である。各専門職がどのような役割を果たすのかが問われているように思う。

　新型コロナはいずれ終息するであろう。その時に，我々の社会や生活はどのような形になるのであろうか。人びとの意識はどのように変化しているのであろうか。また，そのような時代に社会福祉の専門職にはどのようなことが期待されるのであろうか。まだまだよくわからないのが本当であろうが，我々は社会福祉の立場でこれらをよく考えておくことも重要ではないかと思われる。

2021年1月

監修者　杉本敏夫

はじめに

　ソーシャルワーク（福祉）専門職の中心となる役割として，社会変革・社会開発・社会的結束の促進，および人々のエンパワメントと解放があります。また，ソーシャルワークは，「生活課題に取り組みウェルビーイングを高めるよう，人々やさまざまな構造に働きかける」こととされています（ソーシャルワークのグローバル定義）。

　その実践は，様々な形のセラピーやカウンセリング，グループワーク，コミュニティワーク，政策立案や分析，アドボカシーや政治的介入など，広範囲に及びます。福祉ニーズがある人への支援を行っていく際には，個々の対象者の実状を把握し，心理的なニーズ等にも十分配慮することが必要です。ソーシャルワークにおける心理的支援とは，福祉専門職が心理学の技術を取り入れながら援助の専門性を発揮することに加えて，心理学的な知見や技術を活用する心理専門職と連携協力しながら支援を行うことも重要です。

　本書は，社会福祉士および精神保健福祉士養成課程の新カリキュラムを踏まえつつ，5部制18章での構成をとりました。第Ⅰ部「心へのアプローチ」は3つの章から成り，学問としての心理学の伸展の過程を萌芽期，発展期，展開期に分けて概説しています。第Ⅱ部「心の表現」は7つの章から成り，科学としての心理学の様々な基礎概念について概要を説明しています。第Ⅲ部「心の広がり」は2つの章から成り，心の発達の様相に焦点を当て説明しています。第Ⅳ部「心のトラブルと快復」は2つの章から成り，現代人が抱えることの多い心のトラブルを取り上げ，さらにそれらのトラブルに打ち勝つ心の在り方について概説しています。第Ⅴ部「心を測り・心を支える」は4つの章から成り，心の状態を知る客観的方法や心を支える様々な心理学的な術について触れ，最後に公認心理師の資格の概要について説明しています。

　本書は社会福祉士や精神保健福祉士の資格取得を目指す学生のみならず，心理学を学ぶすべての初学者に基礎から応用までを網羅的に学修できる構成となっています。本書での学修を通じて，お仕事や生活に心理学の知識を役立て

ていただければ幸いです。

　2021年12月

　　　　　　　　　　　　　　　　　　　　　　　　　　　編者一同

目　　次

第Ⅱ部　心の表現

第Ⅲ部　心の広がり

第Ⅰ部
心へのアプローチ

───イントロダクション───

　心理学は「自分は何者なのか」「心とは何か」という問いから始まった。そのような問いが「科学としての心理学」となった経緯や意義を理解しながら，どのように発展していったのかを学んでほしい。また「科学としての心理学」が発展していく過程の中で，多様な心のとらえ方が派生し，それぞれの考え方に応じた様々な研究手法・アプローチがとられている。第Ⅰ部では生態学的心理学，進化心理学的アプローチ，認知行動科学，行動遺伝学を取り上げる。このような心のとらえ方や考え方の違いを知り，心理学の領域の広さを理解してほしい。

第 1 章

萌芽期——心理学の起源

1 心理学のはじまり

　心理学（psychology）という言葉が登場するのは，16世紀後半にギリシャ語のプシュケ（psyche）という「心，魂」を表す言葉と，ロゴス（logos）という「学問」を表す言葉から造語として作られたのが最初である。ただ，人類は誕生した時から「自分は何者なのか」や「心とは何か」という問いを，時代に関係なく誰しもが考えてきただろう。この疑問こそがまさに心理学のはじまりであり，起源は人類誕生の時からといって過言ではなかろう。

　物事の歴史的な裏づけは，文字によって残されていることが一つの根拠となる。この観点からすると，古代ギリシャ時代に心に関する記述が認められる。紀元前 4 世紀に，ヒポクラテス（Hippocrates）は，身体を構成する 4 つの体液の存在を指摘（「四体液説」という）し，ガレノス（Galenos）は，体液と性格傾向の関係性を「**四気質説**」として提唱した。このことは，後に人格の分類における**類型論**が構築される基礎を作ることになった。

2 心をめぐる 2 つの論争

　プラトン（Platon）は，人間の心に関して最初に言及した。彼は，(1)感覚を通して知る経験的な世界を「idea（イデア）」と名づけ，(2)心は，①理性，②心情，③欲望といった 3 つの側面から構成されており，(3)理性を重視し自然界の

ものとは区別すること，以上の3点を提唱した。そして，人間は生まれながらに理性をもっていると心の生得説を展開した。この考え方は，人間の心と身体は離れて存在するという霊魂思想と結びつき「**二元論**」と称された。この考え方に異を唱え，心と身体は一体のものであり，決して別の次元ではないと主張したのがアリストテレス（Aristoteles）である。彼は，自然学小論集を記し，『霊魂論』と題して心に関する言及をした。心とは，①感覚，②記憶と想起，③眠り，④夢の4つから成るとした。彼は，自然界に存在するものと人間の心を代表とする知識は分けることができないとし，これを「**連合説**（または，経験論・説）」と称した。すなわち，人間の心と身体は決して分離し得ないと主張したのである。アリストテレスは，プラトンの「二元論」と真っ向から対立することとなり，この論争はしばらく続くことになった。

3　二元論から暗黒時代へ

4世紀後半になって，アウグスティヌス（Augustinus）がプラトンの「二元論」をもとにして「人間の心とは，肉体を超えた存在である」と主張した。この考え方をキリスト教が取り入れ「神に近づく方法は，**内省**（自らの心に問いかけること）をひたすら行うことである」といい，「**内観主義**（内省主義）」が誕生した。同時に，神の絶対的な地位が確立され，この影響から「二元論」が優位となり，人間の心の探求はいわゆる暗黒時代と称される世界へと突入した。

11世紀から13世紀にかけて，ヨーロッパでは十字軍の遠征が繰り返された。このことで，埋もれていた「連合説（経験論）」が世に知られるようになり，スコラ哲学が誕生した。同時に，キリスト教を背景とした「二元論」との論争が再び活気づくことになり，大学がイタリアの各地に設立され始め，13世紀末からはイタリアでルネサンスといわれる文化革命が起こった。これを契機に，大学の数は増し心に関する研究も盛んに行われるようになった。ただ，「二元論」と「連合説（経験論）」はともに決定的な証拠や事実を見つけ出すことはできず，また新たな提言や主張もなく，心に関する研究で劇的な進展はなかった。また「心理学」という言葉の誕生も，もう少し後になってからのことである。

4　イギリスの経験論哲学者の登場

　イタリアを中心とした大学の設立は，やがてヨーロッパ一円へと拡がった。18世紀になり，イギリスの経験哲学者の一派が，アリストテレスの自然学小論集に注目をした。彼らは「連合説（経験論）」という考え方に興味を示し，心の問題を新たな視点から考えようとする動きを始め，連合主義（心理学）者と称された。なお，心理学を括弧書きしたのは，後に登場する科学性を有した現代心理学とは性質を異にすることから，今日の心理学の世界では**連合主義心理学**は心理学とはみなされておらず，実際は哲学の延長上に位置するものであったためである。

　連合主義者の一人であるホッブス（T. Hobbes）は，物理学者のガリレオ（G. Galileo）の影響を受け，**心像**とか**観念**という言葉を用いた。観念という言葉は，連合主義者が好んで使用ししばしば登場した。観念の説明は容易ではないが「科学的な証明はできないものの人間が共通して思うようなこと，考え方のこと」を指す。啓蒙思想と呼ばれる哲学者で有名なロック（J. Locke）は，『人間知性論』を著し，人間が生まれながらに有するとされた生得観念を否定し，すべての観念は生後に獲得されると「タブラ・ラサ（白紙状態での誕生）」を支持した。また，人間の知識はすべて経験に起因すること，感覚と反省によって様々な観念が成立することも主張した。さらには，一つの観念は心の作用で複雑観念を形成するとし，心の働きとしての基礎は観念だと考えたのである。この他にも，バークリー（G. Berkeley）の知覚の問題を論じた視覚新論，経験とは印象と観念により成立すると『人生論』に記したヒューム（D. Hume）が出てきた。

　19世紀には，ミル（J. Mill）が登場し連合主義（心理学）は完成期を迎えた。彼は人間精神現象の分析を記し，感覚と観念という考え方を背景に，広汎な心的過程を論じた。また論理学体系では，化学の世界で水素と酸素から水ができることが注目されていたのを導入し，「複合観念とは，単純に個々の観念の結合ではなく，新たな性質をもつものだ」と主張した。さらには，ベイン（A.

Bain）はドイツで芽生えていた神経生理学の成果を取り入れ『感覚と知性』および『情緒と意志』の二部作を著した。以上のように，連合主義は，人間の心の問題をはじめ多くの心的過程への言及を行った。ただ，すべての考え方は観念という決してその存在自体を証明することができないものの上に成立している理論であったことから，やがて迎える20世紀の科学の時代には軽視されるようになってしまうのである。

5　感覚・知覚の研究と精神物理学

　光や音に関する研究は，物理学者が従事した。ニュートン（I. Newton）は光の混色の研究に従事し，ヤング（T. Young）は**色覚**を，またゲーテ（J. W. von Goethe）は色彩の研究や**明順応**，**暗順応**を発見した。19世紀に入り医学が進歩し，ミュラー（J. P. Muller）は，光がなくても光に反応する神経に何らかの刺激や圧力が与えられ視神経が興奮すれば，光覚体験が成立することを見出し，**特殊神経エネルギー説**と名づけた。ウェーバー（E. Weber）は，触覚の2点閾の研究から，皮膚表面は場所が異なるとその知覚も異なることを発見し**ウェーバーの法則**とした。フェヒナー（G. Fechner）は，感覚の大きさは，刺激の強さの対数に比例して増大することを発見した。これは，たとえばあなたが注射をされた時のことを思い出してほしい。最も痛みを感じるのは，最初に針が皮膚に突き刺さった時であり，その後は最初ほど痛みを感じないという経験をしたことがあるだろう。このように，人は刺激が与えられた直後に最大の感覚を感じるが，その後は緩やかになり，次第に感覚は小さくなるという現象を対数関数で表現できるとしたのである。

　以上のように，物理学を用いて人の感覚や知覚を研究する手法が取り入れられるようになり，それらは**精神物理学**と称され，やがて来る科学性のある現代心理学の到来に大きく影響を与えたのである。

表1-1 心理学史の年表1

萌芽期	紀元前	
	4世紀	ヒポクラテスの「**四液体説**」，ガレノス「**四気質説**」 ⇒ 性格に関する論議が始まる。 プラトンの「**二元論**」とアリストテレスの「**連合説**」 ⇒ 心と身体は一体か，それとも別次元かという論争が始まる。
停滞期	紀元後	
	4世紀後半	アウグスティヌスが「二元論」を再燃させ，キリスト教が賛同 ⇒ 神に近づく方法として「**内観主義**」が広まる。
	《 「神が心を創る」との考えが台頭し「二元論」中心の暗黒時代へ突入 》	
再興期	13世紀後半	イタリアでルネサンスが始まり「連合説」が見直される。 ⇒ 「二元論」と「連合説」に関する再論議の開始
	16世紀	「**心理学**」という言葉の登場 ⇒ 言葉のみで，現代の心理学にみられる科学性は欠如していた。
	18世紀	イギリスの哲学者ホッブズやロックなどが「**連合主義心理学**」と称される哲学の新たな分野を構築
	18〜19世紀	光や音の感じ方の研究「**精神物理学**」が登場 ⇒ ヤングが「色覚」，ゲーテは「明・暗順応」を発見。ミュラーは「特殊神経エネルギー説」を提唱し，ウェーバーやフェヒナーが登場。

出所：筆者作成。

参考文献

宇津木保ほか（1977）『心理学のあゆみ』有斐閣。

梅本堯夫・大山正編著（1994）『心理学史への招待——現代心理学の背景』サイエンス社。

大山正（2010）『心理学史——現代心理学の生い立ち』サイエンス社。

学習課題

① 「二元論」と「連合説（経験論・説）」の違いについてまとめてみよう。

② 連合主義（心理学）は，現代の心理学とはどのような点が異なり，何が問題なのかを考えてみよう。

第 2 章

発展期——心理学の発展と対象

1　科学としての心理学の誕生

　連合主義（心理学）のヨーロッパ各地への広がりの中，ヴント（W. Wundt）は連合主義で重視する「観念」について精神物理学を応用し科学的に実証したいと考え，1879年に世界最初の**心理学実験室**をドイツのライプチヒ大学に設立した。そこで，彼は現代心理学の基礎を築く実験に取り組み始めた。その一例を紹介すると，実験室内の机に木の葉を置いておき，「これは何ですか」と尋ねると，被験者は怪訝そうに「葉っぱ（木の葉）です」と答える。この回答を連合主義の立場から説明すれば，過去の経験に基づいての観念によるものであり，まさしく木の葉以外の何物でもない。しかし，それでは不十分と考えるヴントはさらなる質問を続けた。「どうして，木の葉だとわかったのですか」「あなたは，この木の葉をこれまで一度も見たことがないはずです。どうしてわかるのですか」と，木の葉と回答したその理由を尋ねた。すると，被験者は形状や色，葉脈など木の葉が有する特徴を指摘し導き出したことを説明した。これがヴントの目指した科学性である。すなわち，人間が実際に体験した**直接経験**こそが心理学の対象であると彼は考えたのである。直接経験とは個人の意識を指し，心理学の対象は意識だとする主張をしたのである。

　同時に，自分自身の意識を直接的に観察する「**自己洞察**（または，**内観**）」を重視し，ヴントは次の3点を強調した。①意識過程を分析して要素を発見すること，②要素の結合の様式を決定すること，③結合の法則を定めること。これ

らを，先ほどの実験に当てはめてみると，木の葉のもつ要素は，「緑色」「楕円形」「葉脈」等であり，これらの要素が結合して，最終的に木の葉と結論づけたのだという具合である。このように，ヴントは意識の構成単位としての要素を重視（「要素観」という）したことから，**要素心理学**と呼ばれるようになる。この考え方をもとに心的要素の結合としての心的複合体や統覚統合を提唱した。ヴントは，哲学の延長上にあった連合主義（心理学）を，実験という科学的手法を用いて，初めて心理学という学問を哲学から分離し新たに独立させたのであった。

2　心理学の三大潮流

　ヴントの「要素心理学」は，彼自身が「自己洞察（内観）」に限界を感じたこともあり，やがて終焉を迎えた。しかしながら，ヴントが取り入れた実験に基づく新しい心理学の手法は絶えることはなかった。そして，ヴントの考え方を背景とし心理学は大きな3つの流れを起こすことになる。

（1）ゲシュタルト心理学
　マッハ（E. Mach）は，四角形は4本の線がある決まりによって構成されていること，また音楽の移調では構成する個々の音が変化してもメロディ自体は変わらないことを指摘した。ウエルトハイマー（M. Wertheimer）は，パラパラ漫画を用いて，人は少しずつ違った絵を継次的に見せられると，実際には動いていない絵が一連の動きがあるように見えることに気づき，この見かけの運動を**仮現運動**と称した。ヴントの要素心理学で，この現象を説明しようとすると，それぞれ一枚の絵に対して，一つずつの知覚が生じることまでは説明できるが，実際には動いていないものがあたかも動いているように見える運動の知覚についてはうまく説明ができない。そこで，ウエルトハイマーは「もはや要素心理学での説明は困難である」と結論づけ，「全体の刺激の時間的空間的パターンが全体的な生理現象を引き起こし，それが動きとして見えるのだ」と，新たな考え方を提唱した。さらには，わたしたちが風景を眺めている時，見えている

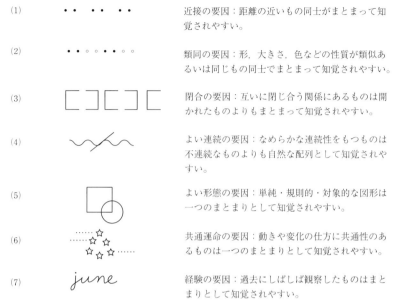

(1)　近接の要因：距離の近いもの同士がまとまって知覚されやすい。

(2)　類同の要因：形，大きさ，色などの性質が類似あるいは同じもの同士でまとまって知覚されやすい。

(3)　閉合の要因：互いに閉じ合う関係にあるものは開かれたものよりもまとまって知覚されやすい。

(4)　よい連続の要因：なめらかな連続性をもつものは不連続なものよりも自然な配列として知覚されやすい。

(5)　よい形態の要因：単純・規則的・対象的な図形は一つのまとまりとして知覚されやすい。

(6)　共通運命の要因：動きや変化の仕方に共通性のあるものは一つのまとまりとして知覚されやすい。

(7)　経験の要因：過去にしばしば観察したものはまとまりとして知覚されやすい。

図2-1　群化の法則

風景のうち，山が40％，空が30％，森が15％，川が……というような見方はしていないことを指摘した。そして，存在する多数の色や明るさ，形がバラバラな部分として並んでいるのではなく，すべてが一つのまとまりを作っていることに注目し，眺めている風景はモザイク的ではなく全体の中の部分として存在していると指摘した。

　このように，ヴントが提唱した要素観の限界が指摘され，全体観としての視点からの心理学の構築，すなわち**ゲシュタルト心理学**が誕生したのである。ゲシュタルト心理学は，ウエルトハイマーの弟子であるケーラー（W. Köhler）やコフカ（K. Koffka）によって，次々と研究成果が発表され，世の中で注目されるようになる。彼らは，全体による部分の規定に注目し，「**群化の法則**」（図2-1）を提唱した。また，ルビン（E. Rubin）は物理的ゲシュタルトと称して，「図と地の現象的特性」（図2-2）を発見した。レヴィン（K. Lewin）は，ゲシュタルト心理学を応用，発展させて行動理論を提唱し，**社会心理学**の礎を構築し応用心理学の発展に大きく寄与した。

図 2 - 2　図と地の現象的特性（ルビンの盃）

（2）精神分析

　ヴントの登場で，心理学は直接経験に基づく意識を対象とし，同時に実験によるデータの裏づけのある，科学性を有する新しい学問となった。ただ，人間が最も関心のある人の行動や欲求は実験的に証明困難だと，ヴントは研究対象にはしなかった。

　そのような中，フロイト（S. Freud）が登場する。彼は，元来は大学病院の麻酔科医だったが，その後開業医となり他の医師から相手にされなかった幾人かの女性患者に出会った。彼女たちには共通の症状があり，それは突然イライラし叫んだり，血圧の上昇等が生じるヒステリー症であった。当時の医学では，ヒステリー症は「気のせいだ」と医療の対象とはされていなかったが，フロイトは真摯に立ち向かい患者の話に耳を傾けた。その結果，彼女たちの話の共通内容として父親との不仲という問題があることに気づいた。そこで，フロイトは患者の父子関係の改善に努めたところ，ヒステリー症状は次第に喪失したのである。この一連の出来事から，彼は独特の性欲理論を構築し，**本能論**や**自我論**という考え方を展開する。そして，人間の行動や欲求，さらには心の構造についても言及した。また，人間には生まれながらに備わっている快楽を求める「**エス**（または，**イド**）」，また幼少時のしつけ等で備わる「**超自我**」という無意識の存在を指摘した。このように，人間の心の科学的追及を初めて試みたのがフロイトであり，これを機にアドラー（A. Adler）やユング（C. G. Jung）などの精神科医や心理学者が心や行動，欲求の研究を展開し始めて現代の**臨床心理**

学の基礎を構築したのである。

（３）行動主義

　ソーンダイク（E. L. Thorndike）は，迷路と餌を使った実験で，ネコは練習
を繰り返すと速く餌に到達できるようになる**試行錯誤学習**を見出した。また，
生理学者のパブロフ（I. P. Pavlov）は，イヌを用いて**条件反射**を発見した。こ
れらの研究を背景に，ワトソン（J. B. Watson）は心理学の目的について「行動
の予測とコントロール」と主張した。そして，心理学の対象は，刺激が与えら
れたらどんな反応が起こるのかを予測すること，また反応が起きればどのよう
な刺激が与えられたのか指摘できる法則性を明確にすることだと強調した。す
なわち，刺激（stimulus）と反応（response）の関係性こそが客観的に観察が可
能であると考えたのであり，これが **S-R 理論**と呼ばれるようになる。ワトソ
ンは，本能には否定的で生得的傾向も最小限に限定した。そして，パーソナリ
ティとは，習慣の体系であり，環境が変化すれば再学習によって変わるもので
あるとも考えたのである。**行動主義**は，内観や意識といった科学的な証明が不
可能とされるものを排除したことから，それまでの心理学と性質が相当異質で
あったこともあり，行動主義心理学とは呼ばず行動主義と称されたのである。
この考え方は，トールマン（E. D. Tolman）やハル（C. L. Hull），さらにはスキ
ナー（B. F. Skinner）の登場で，**新行動主義**と呼ばれるようになり，**学習理論**を
はじめ**動機づけ**という考え方の導入，**強化のスケジュール**等，数々の新しい考
え方へと発展していく。やがて，これらの考え方は，臨床心理学の心理治療の
領域へも導入されるようになり，精神分析と双璧を成す**行動療法**の誕生から今
日では現代精神医学の主流となっている**認知行動療法**へと発展していくのであ
る。

表 2 - 1　心理学の年表 2

《　科学性を背景とした**現代心理学のはじまり**　》
創生期　19世紀後半　ヴントが世界初の**心理学実験室**を開設 　　　⇒　**実験に基づくデータと自己洞察（内観）を重視**し，心理学を科学領域の学問にした。同時に「**要素心理学**」と称され，現代心理学の基礎となった。
《　**心理学の三大潮流**：①〜③　》
充実期　20世紀初頭　ウエルトハイマーが仮現運動に基づき，①「**ゲシュタルト心理学**」を構築 　　　⇒　ケーラーやコフカが登場し，「**群化の法則**」が提唱される。 　　　　　レヴィンは，**社会心理学**へと発展させた。 　フロイトが「ヒステリー研究」や「夢の解釈」に続き，「精神分析入門」を発表し，②「**精神分析**」の礎が作られる。 　　　⇒　続いて，アドラーやユングが心や行動に関する研究を行う。 　ソーンダイクが学習の研究を，またパブロフが条件反射を発見。これらを背景に，ワトソンが刺激と反応の関係性に注目し，③「**行動主義**」を提言した。 　　　⇒　トールマンやハル，スキナーは，「**新行動主義**」へと発展させた。

出所：筆者作成。

参考文献

大山正（2010）『心理学史——現代心理学の生い立ち』サイエンス社。
Porter, A. (2019) *Psychology*, Arcturus Publishing.

学習課題

①　心理学の三大潮流について，まとめてみよう。
②　ヴントが始めた，心理学へ実験的手法を取り入れることは，どのような利点があると思いますか。

第3章

展開期——心理学の様々な視点

1　生態学的心理学

（1）心理学と生態学

　生態学（ecology）とは生物の生活全般に関する科学であり，生物と環境や，生物同士の相互作用を扱う学問分野である。1940年代に心理学において生態学の原理や方法に対する関心がもたれるようになった。1943年に「心理学的生態学」に関する論文を発表しているレヴィン（K. Lewin）は，個人の行動や集団の振る舞いを理解する試みの第1段階は，その環境がもたらす機会と制約について考察することだ，と主張している。レヴィンは環境に関する個人の認知を重視し，人間の行動に対する環境の影響力は間接的だとしながらも，人間の認知に影響し，行動に影響するという点から客観的な環境を重視した。

　そうした環境への視点に影響を受けたバーカー（R. Barker）とライト（H. Wright）は，生態学的アプローチの実践的，学問的価値を主張し，**生態学的心理学**（ecological psychology）を創設した。彼らは，実験室での心理学的実験や観察，心理テストなどの従来の心理学研究の手法の限界を指摘し，行動のあるがままの記録から日常の環境と行動との関係についての研究を行った。バーカーらは，特定の時間，特定の空間においては一定の行動パターンがあり，それと結びついた環境である社会的，物理的な状況を「行動場面（Behavior settings）」と名づけ，自然場面での観察によって「行動場面」の記述を行っている。それは，人間行動と環境をセットにして記述することであり，ありのま

まを観察し記述することを通して，彼らは人間行動と環境との関係を研究した
のである。

（2）生態学的知覚論

　生態学的なアプローチは，心理学において知覚研究を専門としたギブソン
（J. Gibson）によっても用いられている。彼は知覚の問題を，抽象的概念として
の空間や奥行きと距離の関係という問題ではなく，生活体が行動する具体的な
場という点から考える**生態学的知覚論**（ecological optics）を提唱した。ギブソ
ンによると，環境は生活体によって知覚されるものであり，そのため環境は知
覚する生活体によって異なるものとなる。

　ギブソンの生態学的心理学における基本概念は，「アフォーダンス
（affordances）」である（第6章も参照のこと）。アフォーダンスとは1966年に出版
された『生態学的知覚システム』で初めて示されたギブソンによる造語であり，
環境が動物に提供する（offers）もの，良いものであれ悪いものであれ，用意
したり備えたりする（provide or furnishe）ものである。たとえば，傾斜してお
らず水平で，凸凹がなく平坦で，動物の大きさに対して十分な広がりがあり，
動物の体重に対してその材質が堅い面は，土台，地面あるいは床と呼ばれ，そ
れらはその動物を支える（support）ことをアフォードする。さらに歩くこと，
走ることもアフォードする。

　アフォーダンスは，物理学で物の特性を測るように測定できるものではなく，
その動物との関係で示されるものである。水平で，平坦で，広がりがあり，堅
いという特性をもった面が，もし膝の高さほどにあれば，それは座ることをア
フォードする。しかし，大人にとっての膝の高さと子どもの膝の高さは異なる
ため，大人にとっては座ることをアフォードするものであったとしても，子ど
もにとっては座ることではなく，よじ登ることをアフォードするかもしれない。
この場合のアフォーダンスは，それぞれの背の高さと関係しているわけであり，
背の高さの違いによって異なったアフォーダンスが知覚されることになる。ア
フォーダンスは，環境を知覚する動物（生活体）との関係によって意味づけさ
れる環境の特性なのである。

　また，ギブソンはアフォーダンスと生態学で用いられる**ニッチ**（niche）の概念をセットとして説明している。ニッチとは西洋建築用語では壁の窪みのことであり，一般には隙間という意味で用いられることも多いが，生態学においては生態学的地位，生態学的位置を意味し，「動物にとって適切な，比喩的にいえばその動物がフィットする環境の特徴の一セット」である。ギブソンによればニッチは動物がどこ（where）に住んでいるかより，いかに（how）住むかに多く関連しているとされ，アフォーダンスはそうしたニッチのセットと考えられている。アフォーダンスは環境が動物に提供する行為の可能性であり，動物との関係において測定されるものである。こうしたアフォーダンスという造語およびその概念は，心理学だけでなく建築学や人間工学，リハビリテーション学などでも用いられている。

（3）生態学的システム論

　バーカーによる生態学的心理学の視点は，ブロンフェンブレンナー（U. Bronfenbrenner）の**生態学的システム論**にみることができる。彼は，1979年に出版された『人間発達の生態学』において，「今日の発達心理学の多くは，できるだけ短期間に，見ず知らずの大人たちとふだんとは違った場面で，子どもたちが行なった特異な行動についての科学である」と記し，子どもの発達について人と環境との相互作用を重視した。また，環境については**生態学的システム（生態学的環境）**という新しい概念を提示している。生態学的環境はロシア人形のマトリョーシカのように入れ子構造をしたシステムとして考えられている。そのシステムとは，マイクロシステム（microsystem），メゾシステム（mesosystem），エクソシステム（exosystem），マクロシステム（macrosystem）である（図3-1）。後に時間経過による特定の出来事や変化の影響をクロノシステム（chronosystem）として示している。

　マイクロシステムとは，入れ子構造の最も内側にある生態学的環境であり，子どもが直接的に経験する環境である。家庭，保育園，遊び場といった対面的な相互作用を行うことができる場所（行動場面）において経験する，活動，役割，対人関係のパターンである。メゾシステムとは，2つ以上の行動場面間の

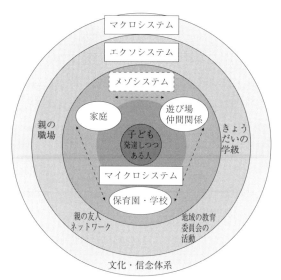

図3-1　ブロンフェンブレンナーの生態学的システム
出所：筆者作成。

相互関係である。ブロンフェンブレンナーはメゾシステムをマイクロシステム
のシステムと述べており，家庭，学校，近所の仲間関係，その間の関係である。
エクソシステムとは，子どもにとっては間接的な環境である。子どもはそこに
含まれていないが，子どもが経験する行動場面に影響を与えたり，与えられた
りするような行動場面であり，親の職場，きょうだいの通っている学校，親の
友人ネットワークなどが含まれるシステムである。マクロシステムは，マイク
ロシステム，メゾシステム，エクソシステムにおける一貫性であり，文化，信
念体系などがそれにあたる。保育園，学校，公園の遊び場など，どこでも同じ
ようであり同じ機能を果たしているように思われるが，社会や文化によってそ
れらの機能は異なっている。

　こうした環境システムが，そのシステム内やシステム間で相互作用し子ども
の発達に影響を与える。クロノシステムは時間要因を組み込んだシステムであ
り，きょうだいの出生，就学，転居，病気などがそれにあたる。ブロンフェン
ブレンナーは役割の変化，行動場面の変化によって生態学的環境における人の

位置が変わることを生態学的移行とし，生態学的移行は発達の要因であり結果でもあると主張している。生態学的システム論は，人と環境，そしてその両者の相互作用について新たな視点を提示している。

2　進化心理学的アプローチ

　進化心理学とは，進化論，進化生物学（進化学）における理論や知見を応用した心理学研究の一分野であり，1980年代以降に発展してきた心の探究へのアプローチ法の一つである。ここでは，進化心理学的アプローチを理解するために，進化論，進化生物学における考え，それらに影響を受けた進化心理学について概観する。

（1）自然淘汰と性淘汰

　19世紀の生物学者ダーウィン（C. Darwin）は1859年に出版された『種の起源（起原）』において，生物は**自然淘汰**（natural selection）によって適応的な特徴に進化してきたと説明する進化論を提唱した。進化論では生物が今あるような特徴をもつのは，環境に適応した特徴をもつものが選ばれ生き残り，その特徴がその集団に広がった結果であり，生存に有利な変異が起こった結果と考える。その過程を自然淘汰という。たとえば，キリンの首がなぜ長いのか。かつてキリンの祖先にあたる動物は，今のキリンのような長い首はもっていなかったと考えられている。それが遺伝子の変異によって首の長いキリンが誕生し，そのキリンがたまたま環境に適応的であったためより長く生存できた。そして生存期間が長いため多くの子孫を残すことになり，それが繰り返され長い年月の後に首の長いキリンが種の大部分を占めるようになったのである。

　しかし，生存における有利さという特徴だけでは進化を説明できない生物がいる。たとえばクジャクのように，同じ環境に生きている雄と雌でまったく異なる特徴をもっていることがある。クジャクは雄だけが美しく目立つ大きな羽をもっているが，その特徴が生存に有利なのであれば雌も同様の特徴をもっているはずである。また，大きな羽は空を飛ぶことには適しておらず，捕食者に

も見つかりやすいため生存に有利とは考えにくい。つまりクジャクの雄と雌の違いは自然淘汰という考え方からは説明できないのである。このことについてダーウィンは，生存における有利さではなく繁殖において有利な特徴をもつものが進化すると考え，それを**性淘汰**（sexual selection）といい，1871年の著書『人間の進化と性淘汰』で示している。

（2）包括適応度と血縁淘汰

　進化生物学あるいは進化学と呼ばれる学問領域は，古生物学，系統分類学，生態学，分子遺伝学，集団遺伝学，分子生物学，ゲーム理論などを統合し，進化や生物多様性についての研究を行っている。進化生物学者であるハミルトン（W. D. Hamilton）の示した**包括適応度**（包括的適応度）は，ダーウィンの自然淘汰や性淘汰という考え方では説明できない利他的行動の進化を説明するものである。利他行動（利他的行動）とは自らの利益よりも他者の利益を優先させる行動であり，自らが犠牲になっても他者を助ける行動である。そうした行動は，生存における有利さという点においては真逆の行動であり，自然淘汰，自然選択という考えにおいては進化しない行動といえる。しかし，人はなぜ自分を犠牲にして他者を助ける行動をするのか。

　適応度とは，個体レベルでの生存，繁殖年齢に達するまでに生き延びる子の数で評価される。それに対して，包括適応度は，子孫だけでなくその親族，血縁個体，すなわち同じ遺伝子をもつ可能性のある個体も含めて評価する。利他行動を行う個体の恩恵を受けるのは血縁者である可能性が高く，個体の利他行動によってその血縁者の生存可能性は高くなる。血縁者はその利他行動を行う個体と共通する遺伝子をもち，その中には利他行動に関係する遺伝子も含まれると考えられるため，利他行動を行った個体の血縁者が生き残り，繁殖可能性が高まることによって，結果的に利他行動を行った個体の遺伝子が伝達されることになる。これを**血縁淘汰**という。自然淘汰という観点からは利他行動は不利な行動であり説明ができないが，この包括的適応度，血縁淘汰という考えによって，利他行動は説明可能となる。

（3）適応と進化

　進化心理学ではこうした進化論や進化生物学（進化学）の考え方に影響を受け，なぜ特定の心，特定の行動が進化したかを適応的な意義から考える。進化心理学は1980年代後半以降に大きく発展した比較的新しい心理学であり，トゥービィ（J. Tooby）とコスミデス（L. Cosmides）によって広く知られるようになった。彼らによれば，進化心理学とは「人間の心的行動の遺伝的基盤が進化の産物であるという事実に立脚した心理学」と定義される。彼らは，心を心的器官（mental organ）あるいは**心的モジュール**（mental module）の集合体ととらえる考え方を示した。[(6)]

　心的モジュールとは特定の機能に特化した，領域固有的な心のメカニズムの単位である。目や耳といった身体器官は，生存や繁殖のための適応課題に対応するために，その機能に特化してその特徴が進化してきたと考えられる。たとえば，目は物を見るという機能に特化しているし，耳は音を聞くという機能に特化している。目で音を聞いたり，耳で見たりすることはない。そのことによって効率的に動き回ったり，獲物を見つけたり，捕食者から逃げることができる。生存のため，適応課題に対応するためにその特徴が進化したのである。心も同様に，様々な適応課題に対応するために，心のメカニズム，心的モジュールが特定の機能に特化して進化してきたと考える。進化心理学ではそうした心的モジュールがなぜ進化したのか，その適応的意義を明らかにすることを課題としている。

　進化心理学の特徴は，心は進化の産物であるということを基盤として，特定の心のメカニズム（仕組み）ではなく，その機能と目的を適応という観点から説明するというところにある。たとえば，「泣く」という行動を説明する場合に，その状況の認知に基づいて喚起されるべき感情が判断され表出された，とする説明はメカニズム（仕組み）の説明である。しかし，進化心理学で「泣く」という行動を扱うならば，「人はなぜ（何のために）泣くのか」を考えることになる。つまり，泣くことによる適応的な意義を考えるのである。たとえば，「泣く」という行動が進化したのは，他者からの攻撃行動を抑えることができたり，援助を引き出すことができたことによって，「泣く」個体あるいは集団

は生き残りやすかったと考える。

　ダーウィンの進化論における自然淘汰や性淘汰，ハミルトンの示した包括的
適応度の概念に基づく血縁淘汰は，「適応的な個体が生き残り，その個体の特
徴が進化する」という考え方に貫かれている。進化において最も重要なのは，
①きょうだい間で異なっていること（変異），②その違いにより生き残りに差
があること（適応度が違うこと），という2つの条件がそろうことである。変異
が生じ，そのきょうだい間で能力のアリ・ナシによって適応度に差があれば，
必ず適応的な個体が生き残り（自然淘汰）その能力が進化する，という考え方
を心にも当てはめ，「人間の心もこの変異と淘汰の結果として進化してきた[8]」
と考えるのが進化心理学であり，進化心理学的アプローチである。

3　認知行動科学

（1）認知科学の発展

　認知行動科学では，人間の認知活動や行動など心理学が扱う様々なテーマに
ついて，認知科学・心理学，脳・神経科学の手法などを用いて科学的に解明し
ようとする。**認知科学**は，そもそも心理学，神経科学，言語学，人工知能，哲
学，人類学，社会学などを含む学問領域であり，脳・神経科学もまた医化学，
工学，化学，物理学，経済学，生物学そして心理学を含む学際的学問分野であ
る。したがって，認知行動科学で用いられる方法はそれぞれの専門分野におけ
る研究法であり，多様な研究方法によって多様な専門分野を背景とした学際的
視点から人間の心を探究する。

　認知科学は，知性とは何かを解明する科学である。1950年代後半，記憶や言
語，問題解決など人間のいわば知性をとらえようとする理論が発表されたこと
が認知科学のはじまりとされる。1950年代は認知革命（cognitive revolution）と
いわれる研究方法の転換が起こった時期である。それまで全盛であった行動主
義では知性は研究対象とされなかった。行動主義は外から観察可能な刺激と反
応との関係を見極めることを重視し，刺激によって反応を生じさせている情報
の処理過程については対象としていなかったのである。それに対して認知科学

は，人間の知の働きの理解において情報処理という観点を重視した。その背景にはコンピュータの発展，普及がある。コンピュータは「中央演算装置（CPU）や記憶装置（メモリやハードディスクなど）から成り立っており，記憶装置内に保持されたプログラムやデータを演算装置が逐次処理してゆく装置[9]」であるが，この仕組みを人間に当てはめたのである。コンピュータはキーボード，マウス，マイクなどの入力装置から情報を受け取る。そして，それを事前に蓄えられたプログラムによって加工，処理し，その結果をディスプレイ，スピーカーなどを通して出力する。ここでの入力装置は人間でいえば感覚器であり，プログラムは知識であり，出力は（ある種の）行為とみなすことができる[10]。このように，人間の知をコンピュータの情報処理に当てはめる，あるいは人間の生理学的構造や心理学的機能をコンピュータのハードウェアやソフトウェアと比較するような考え方が示された。情報を処理するというこうした視点によって，1970年代から様々な領域が関連する認知科学という学際的学問分野が発展してきた。

　認知科学を特徴づける主要な方法は，人間の心（知性）のモデルをコンピュータによってシミュレーションするモデルベースアプローチである。心理学の主要な方法である実験的アプローチもモデルベースアプローチと並ぶ認知科学の研究方法であるが，認知の構造や過程は複雑であるため実験的アプローチでは不十分な場合がある。モデルベースアプローチでは，想定したモデルについてのコンピュータ・プログラムを作成し，それを実行してみてその結果が想定した通りになるのかを検証する。想定通りにならなかった場合にはその原因を探り，モデルとプログラムを修正し，再検証するのである。コンピュータによるシミュレーションは，実験では不可能な変数の操作や測定もプログラムを書き換えるということによって可能であり，内部プロセスの操作も可能である。また，対象が人の場合には倫理的配慮から実行不可能な変数の操作も可能となる。

（2）認知科学と人工知能
　こうしたコンピュータによるシミュレーションは，人工知能（Artificial

Intelligence：AI）と密接な関係にあり，認知科学もまた人工知能との関わりは深い。心理学辞典によると人工知能とは「人間の知的活動を実現するコンピュータ・プログラムを作る科学⁽¹¹⁾」とある。人工知能という名称は1956年にマッカーシー（J. McCarthy）によって命名されたものであるが，その概念は現在のコンピュータのプロトタイプであるチューリング・マシン（仮想計算装置）を構想したチューリング（A. Turing）によって示されたものである。人工知能も人間の知に関わる分野であり，人工知能の目指すものは人間の知という機能を同じように実現することである。近年の人工知能の実用的応用を実現したのは**ディープラーニング（深層学習）**であり，車の自動運転や将棋や囲碁で人間を超えることを可能にした機械学習の一つである。このディープラーニングを支えている技術がニューラルネットワークである。ニューラルネットワークは「脳内の神経網の電気振動の伝達処理を数式で再現しコンピュータ上での数値計算に基づきシミュレーションを行うモデル⁽¹²⁾」であり，人間の脳細胞を模倣したモデルである。脳科学の知見，研究方法も人工知能，認知科学と密接な関わりがあるといえる。

（3）認知科学と脳科学

　知性をコンピュータにたとえるならば，認知科学がソフトウェアの側面から知性をとらえようとしているのに対して，**脳科学**はハードウェアの側面からとらえようとしていると考えることができる。脳科学は，特定の心理・認知活動を担っているのがどの脳の部位の神経回路であるのか，感覚という低次な処理から認知という高次な処理も含めた脳のシステムを構成している神経細胞あるいは神経回路はどのように結合しているのかを明らかにする学問分野である。1990年代は「脳の10年」，21世紀は「脳の時代」と呼ばれ，それ以降，脳の研究は盛んである。それには解剖や手術を行うことなく脳の活動を計測，可視化できる技術の発展が大きく寄与している。脳の活動は神経細胞同士のやりとりを示す電気信号や，そうした電気信号が起こることによって生じる脳血流や酸素代謝の増加によってとらえることができる。電気信号は脳波計（electroencephalography：EEG），事象関連電位（event related potential：ERP）や

脳磁図（magnetoencephalography：MEG）によって，血流や酸素代謝の変化は機能的磁気共鳴画像法（functional magnetic resonance imaging：fMRI），近赤外分光法（near-infrared spectroscopy：NIRS）や陽電子放出断層撮影法（Positron Emission Tomography：PET）によって画像化（脳機能イメージング）され，EEG，ERP，NIRS は乳幼児にも適用される。脳科学における脳機能イメージングの技法は，人の心理，認知活動，言い換えれば人の知性を担う脳内基盤を解明してきている。

　認知科学の生み出してきた成果は，情報の概念に基づいて脳と心の働きの解明だけでなく，コミュニケーションや相互作用についての基礎的知見の蓄積によって，学習やコミュニケーション活動の支援，促進の基盤を築き，医療，教育，福祉，環境などに関わる人間活動の場のデザイン，組織などにおける効果的な相互作用にも貢献している。

4　行動遺伝学

（1）遺伝と環境

　進化心理学的アプローチに基づくと，動物の身体構造，生理機構，行動は自然淘汰，性淘汰あるいは血縁淘汰を受けて遺伝的な変異が生じ，その適応的な特徴が進化してきたと考えられる。適応的な特徴には特定の遺伝子が関連しており，人間の行動もまた遺伝的基盤があると考えられる。**行動遺伝学**（behavioral genetics）は，人間の行動，性格にどのような遺伝子がどのように関わっているのかを明らかにしようとする学問であり，1960年代以降急速に発展してきた学際的分野である。

　行動遺伝学の主要な方法論は**双生児法**，双生児（ふたご）研究である。双生児には一卵性双生児と二卵性双生児があり，一卵性双生児は1個の受精卵から分離し2つの個体になったと考えられるため遺伝情報はまったく等しいと考えられるが，二卵性双生児は2つの卵母細胞が別々の精子によって受精卵となり発育したと考えられる。そのため，一卵性双生児は同性であり，外見的に非常に類似しているが，二卵性双生児の約半数は異性の組み合わせとなる。一卵性

双生児も二卵性双生児も生育環境（広義の家庭環境であり，行動遺伝学では「共有環境」と呼ばれる）を共有しているが，二卵性は一卵性と比べて遺伝子の共有度が半分しか期待できない。そうした一卵性双生児と二卵性双生児の類似性（相関係数）の比較から**遺伝，共有環境，非共有環境**（一卵性双生児でも似ない原因となる独自環境）の影響を明らかにする。一卵性の類似性が二卵性の類似性を上回っていれば遺伝の影響と考えられる。

　双生児研究において，人間行動における遺伝的要因の効果を示す時に用いられる指標の一つに**遺伝率**がある。遺伝率は一卵性の類似性から二卵性の類似性を引いたものの割合を計算して算出される。これは親から子へ形質が遺伝する割合（狭義の遺伝率）ではなく，その集団の中での形質のばらつき（つまり個人差）において，遺伝的要因が占める影響の割合（それぞれの人がもつ遺伝子全体がどの程度関わっているか）である。遺伝率が高いということは遺伝子の影響力が強いということを意味する。性格に関してビッグ・ファイブの5因子についての遺伝率は，研究によってばらつきはあるものの30〜50％と高い遺伝率を示しており，性格形成において遺伝の効果が認められている（図3-2）。

　また，一卵性と二卵性の類似性のデータに基づいて算出された相対的な寄与率からも様々な形質（特徴）において遺伝の影響が認められる（図3-3）。とはいえ，遺伝要因の影響だけではなく，環境要因の影響も大きいこともまた，こうした研究によって示されていることである。

（2）行動遺伝学の三原則と10大発見

　膨大な双生児研究からは，個人差の50％が遺伝によって説明されること，共有環境の影響は認知能力などわずかであり，環境の影響として考えられるのは大部分が非共有環境であるという知見が示され，タークハイマー（E. Turkheimer）によって2000年に「**行動遺伝学の三原則**」が発表されている。行動遺伝学の三原則とは，第1原則（遺伝の普遍性）「ヒトの行動特性はすべて遺伝的である」，第2原則（共有（＝家庭）環境の希少性）「同じ家族で育てられた影響は遺伝子の影響より小さい」，第3原則（非共有（＝独自）環境の優越性）「複雑な人の行動特性のばらつきのかなりの行動部分が遺伝子や家族では説明

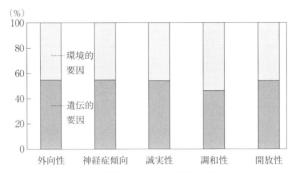

図3-2　性格の5因子に関する遺伝率

出所：小出剛（2015）『個性は遺伝子で決まるのか』ペレ出版。

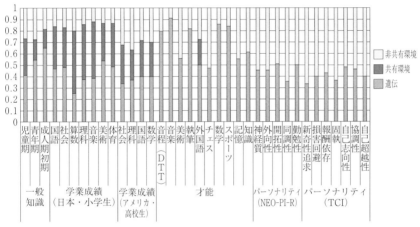

図3-3　いろいろな形質における遺伝，共有環境，非共有環境の寄与率

出所：日本子ども学会ホームページ「子ども学カフェ第2回　遺伝子は『不都合な真実』か？（1）」図8（https://kodomogakkai.jp/cafe2-1.html　2020年9月30日閲覧）。

できない」という3つの原則である。

　今日，行動遺伝学研究は構造方程式モデリング（多変量解析の手法の一つ）や分子生物学的方法（遺伝子や DNA，RNA などの遺伝物質を扱う）を用いた研究知見が蓄積され，2016年にはプロミン（R. Plomin）らによって「**行動遺伝学の10大発見**」としてまとめられている。それは，①あらゆる行動には有意で大きな遺伝的影響がある，②どんな形質も100％遺伝的ではない，③遺伝子は数多く，

一つひとつの効果は小さい，④表現型の相関は遺伝要因が媒介している，⑤知能の遺伝率は発達を通じて増加する，⑥年齢間の安定性は主に遺伝による，⑦環境にも有意な遺伝要因が関わっている，⑧環境と心理学的形質にも遺伝的媒介がある，⑨環境要因のほとんどは家族で共有されない，⑩異常は正常である[14]という10の知見である。

（3）行動遺伝学とエピジェネティクス

　行動遺伝学では，人間行動の個人差には遺伝が大きく影響していること，環境の影響を説明しているのは家庭環境すなわち共有環境ではなく，一人ひとりに固有の非共有環境の方であることを示している。行動遺伝学は遺伝の影響力を主張する学問ではなく，遺伝と環境が人間の行動にどう影響するのかを探究する研究領域である。近年，行動遺伝学の分野において**エピジェネティクス**（epigenetics）という現象に注目が集まっている。エピジェネティクスとは「生育歴などの後天的外的要因（経験）が，その個体の遺伝情報を変えることなく，遺伝子発現パターンや状態，それに基づく表現型（形態や構造，認知機能や行動など）を多様に変化させる生体システム[15]」による現象である。胎児期に低栄養環境にさらされた経験をもつと，成人期に生活習慣病や精神疾患を発症するリスクが高くなるということが例として挙げられる。その背景にあるのは，胎児が子宮内の環境に適応しようと成長し，その適応が生後も維持されるが，胎児期に経験した環境とは異なる環境とのミスマッチにより将来，疾患を発症するリスクが高くなることなどが考えられている。また，同じ遺伝子をもつ一卵性双生児でも環境の影響次第でエピジェネティックな変化が生じ，精神疾患の発症リスクが異なる場合があると報告されている。エピジェネティクスという現象は，環境との相互作用によって遺伝子の表現型を変化させる現象であるが，言い換えれば遺伝子の表現型を環境もコントロールしているということであり，遺伝の影響は環境とともに考える必要があることを示している。

注

⑴　ウイッカー，A. W.／安藤延男監訳（1994）『生態学的心理学入門』九州大学出版会。

⑵　羽生義正監修（2006）『心理学への扉——心の専門家へのファーストステップ』北大路書房。

⑶　⑴と同じ。

⑷　ギブソン，J. J.／古崎敬ほか訳（1985）『生態学的視覚論——ヒトの知覚世界を探る』サイエンス社。

⑸　ブロンフェンブレンナー，U.／磯貝芳郎・福富護訳（1996）『人間発達の生態学——発達心理学への挑戦』川島書房。

⑹　鹿取廣人ほか編著（2019）『心理学（第 5 版）』東京大学出版会。

⑺　金澤創ほか（2015）『ゼロからはじめる心理学・入門——人の心を知る科学』有斐閣。

⑻　⑵と同じ。

⑼　服部雅史ほか著（2015）『基礎から学ぶ認知心理学——人間の認知の不思議』有斐閣。

⑽　鈴木宏昭（2016）『教養としての認知科学』東京大学出版会。

⑾　下山晴彦編（2014）『誠信心理学辞典　新版』誠信書房。

⑿　⑾と同じ。

⒀　安藤寿康（2017）「行動の遺伝学——ふたご研究のエビデンスから」『日本生理人類学会誌』22（2），107〜112頁。

⒁　明和政子（2019）『ヒトの発達の謎を解く——胎児期から人類の未来まで』筑摩書房。

⒂　⒁と同じ。

参考文献
乾俊郎ほか編（2010）『よくわかる認知科学』ミネルヴァ書房。

越智啓太編（2016）『心理学ビジュアル百科——基本から研究の最前線まで』創元社。

越智啓太編（2018）『意識的な行動の無意識的な理由（心理学ビジュアル百科　認知心理学編）』創元社。

サトウタツヤほか編著（2014）『心理学スタンダード——学問する楽しさを知る』ミネルヴァ書房。

スペクター，T.／野中香方子訳（2014）『双子の遺伝子——「エピジェネティクス」が 2 人の運命を分ける』ダイヤモンド社。

田島信元・南徹弘編著（2013）『発達心理学の隣接領域の理論・方法論（発達科学ハンドブック 1 ）』新曜社。

西本武彦ほか編著（2009）『テキスト現代心理学入門——進化と文化のクロスロード』
　川島書房。
長谷川千洋編著（2020）『エッセンシャル心理学』ナカニシヤ出版。
王暁田・蘇彦捷編（2018）『進化心理学を学びたいあなたへ——パイオニアからの
　メッセージ』東京大学出版会。

学習課題

① 生態学的心理学，進化心理学，認知行動科学，行動遺伝学をそれぞれ簡潔に説明
　しごみよう）。
② 福祉や心理の現場において，①に挙げた4つの学問分野のどの考え方がどのよう
　に役立つのか考えてみよう。

コラム 1　デイケアセンターの仕事と心理学

　わたしは東大阪市にある精神科病院に併設されているデイケアセンターで働いています。デイケアセンターは，主に精神疾患を罹患された方が，地域で生活するために利用される医療施設です。看護師，作業療法士，精神保健福祉士といった 3 種類の専門職が在籍しているため，他の社会資源より多面的な支援が行えることが利点だと思います。

　利用者様の目的はリハビリだけではなく，居場所づくりや，生活リズムの調整，就労準備など様々なものがあり，自分の目的に沿って利用されています。

　ここでの仕事では，スタッフや利用者様とのコミュニケーションの中で自分にはなかった視点などを教えてもらった時に喜びを感じています。みなさんそれぞれの考え方があるので，毎日新しい発見がたくさんあって時間が経過するのがとても早く感じています。苦労していることは，その人が話している言葉だけがすべてではなく，いろいろな可能性を考えながら支援していく必要があることです。そのため，ノンバーバルのコミュニケーションも非常に大切で，利用者様の声色や表情，身振り手振りもしっかりと観察しながら会話を進めていき，利用者様と自分の認識を随時確認していくように努めています。

　学生時代に学んだ臨床心理学が，現在の仕事に役立っていると強く感じています。精神保健福祉士は特にアセスメントが重要で，どれだけ良い社会資源があったとしても利用者様の目標と支援者側の目標に大きくズレがあれば，良い支援は行えないと思います。アセスメントにおいて，臨床心理学で学んだ技法や知識が，今の自分にとっての一つのガイドラインになっていると感じています。

　他にも臨床心理学で学び，独学した認知行動療法は自分の支えにもなっていると思います。働いていると経験が必要なことがほとんどで，特に社会人 1 年目は失敗することも多いので，自分を責めて，ストレスを多く感じることが沢山あります。認知行動療法は，認知に働きかけて辛い感情を軽減させる心理療法で，非機能な認知しか見えていない状況から視野を広げて機能的認知も見えるようになるため，自分を責めることも減り，ストレスが軽減されると思います。また，視野が広い状況で利用者様とコミュニケーションをとると，勝手な倫理観から否定することが少なくなり，自然と話しやすい雰囲気にもなるので利用者様を知る機会も増えていくと思います。

　心理学を学んだおかげか物事を客観的に見る癖がついたので，過去の自分より少し余裕をもって生活ができていると実感しています。

第II部

心の表現

┌─ イントロダクション ─────────────────

　第I部では心理学がどのように生まれ発展してきたのかを見てき
た。第II部では，心について心理学が何をどのようにとらえてきた
のかを紹介する。わたしたちは周囲の環境から絶えず様々な情報を
受け取り，感じ，判断し，行動を起こし，環境の変化に対応しなが
ら，他者との相互作用の中で生活している。ここでは，これらの基
礎的なメカニズムおよび個人の特性としての知能やパーソナリティ
の定義と検査法について述べ，他者との関わりと関わりの中での自
己について主要な概念を紹介する。これらの基礎的な知識を自分自
身の日常生活での行動と照らし合わせながら学んでほしい。
└──────────────────────────

第4章

生まれ持ったもの

1 脳の構造

　ヒトや動物の行動の基盤となっているのは直接的には脳の活動である。そのため脳の活動を知ることはヒトの行動を知るための重要な手がかりとなる。脳からつながる神経の系統のことを**神経系**と呼ぶが，神経系は大きく**中枢神経系**と**末梢神経系**に分かれる。中枢神経系は脳と脊髄であり，末梢神経系はそれ以外のすべての神経系を含んでおり，体性神経系と自律神経系から成っている。ここではヒトの中枢神経系の解剖的構造と機能に関して述べていく。

　中枢神経系の脳は頭蓋骨内に存在している。大きく分けると前脳，中脳，菱脳の3つに分類される。前脳は終脳（大脳半球）と間脳に分けられ，菱脳は後脳と髄脳に分けられる。脳のうち，終脳と小脳を除いた部分を脳幹と呼ぶこともある。以下に脳の各部位の機能的な役割を述べていく（図4-1，図4-2）。

（1）前　脳
　①　終脳
　終脳は**大脳皮質，大脳辺縁系，大脳基底核**から構成されている。大脳半球の表面は大脳皮質で覆われており，大脳辺縁系と大脳基底核は大脳皮質の奥深くに存在している。

　大脳基底核は大脳の最深部に存在している細胞群で，尾状核，レンズ核（淡蒼球と被殻），前障から成る。尾状核と被殻を合わせて線条体と呼ぶ。大脳基底

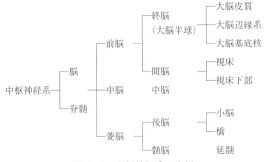

図 4 - 1　中枢神経系の分類

出所：筆者作成。

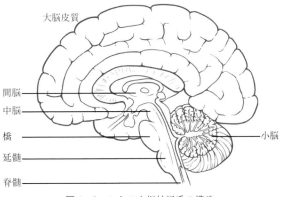

図 4 - 2　ヒトの中枢神経系の構造

出所：筆者作成。

核は運動の制御に関わっている。特に楽器の演奏や高度な運動の制御など熟練した運動機能に重大な役割を果たしていると考えられている。また，不随意運動を伴う疾患として有名なパーキンソン病やハンチントン舞踏病はこの部位の神経変性疾患である。

　大脳半球のうち脳幹を取り囲むように，古くに形成されたとされる皮質が存在し，これらと密接な関係がある神経構造物をまとめて大脳辺縁系と呼ぶ。辺縁系には嗅脳，帯状回，海馬傍回が含まれる。辺縁系の中心には**海馬**，**扁桃体**，中隔核と呼ばれる構造体がある。海馬はヒトでは側頭葉の奥深くに埋もれており，記憶・学習機能，特に顕在記憶（エピソードや意味の記憶），空間記憶，作

33

業記憶との密接な関係が知られている。扁桃体は感情の処理と関連しており，食料や異性など生物にとって近づくべきものと敵や脅威など遠ざけるべきものの判断に関わる意味づけと関連しているとされている。また，それと関連して不安や恐怖などの否定的な感情と深く関連していることが知られており，この部位の活動の異常は抑うつや不安障害，パニック障害など様々な精神疾患と関連している可能性が指摘されており，これらの疾患を理解するためにはこの部位の活動を理解することが非常に重要である。

　大脳皮質には大脳縦列という大きな溝が存在しており，この大脳縦列によって左右の半球に分かれている。表面には多くの凹凸があり，凹みのことを脳溝，でっぱりのことを脳回と呼ぶ。大脳皮質は明確な溝である外側溝と中心溝により，前頭葉，頭頂葉，側頭葉，後頭葉という4つに分けられる。大脳縦列の一番奥には左右の大脳半球をつなげる脳梁が両半球間にまたがって存在している。

　脳の中心にある大きな溝，中心溝より前部を前頭葉と呼ぶ。中心溝のすぐ前部の中心前回には1次運動野があり身体各部の運動のための指令を行う。各身体部位とそこに情報を送る脳の部位との間には対応があり，1次運動野の特定の部位を電気刺激することで体の特定の部位の運動がおこる。体の部位の面積の大きさと脳内の対応部位の面積は比例しておらず，細かい，複雑な運動が必要となる部位（たとえば手，指，顔など）ほど脳内に割り当てられている面積は大きい。運動野は左右反対側の身体部位の運動を制御する。つまり，体の右半身のコントロールは脳の左半球で，左半身のコントロールは脳の右半球で行われることとなる。運動野の前方は前頭連合野と呼ばれ，ここでは様々な高次脳機能に関わる処理が行われている。たとえば左半球前頭葉の下部には言語処理を行う言語中枢があり，特に発声との関連が深い。この部位と言語機能の関係はブローカ（P. Broca）によって発見されたため**ブローカ領域**と呼ばれることがある。また，ブローカ領域より上部の前頭前野背外側部と呼ばれる領域は記憶の一種，作業記憶（ワーキングメモリ）の中枢である中央実行系との強い関連が指摘されている。前頭葉の最前部，眼窩の奥に存在する前頭眼窩野と呼ばれる領域は情動のコントロールなどと関わっており，この部位を損傷すると社会的に適応した行動に支障をきたすという例が報告されている。前頭葉は主に思

考，判断，注意，言語など様々な高次機能の制御に関わっており，損傷すると適応的な行動ができなくなる可能性がある。

　中心溝の後ろ，頭頂間溝と呼ばれる溝までの間を頭頂葉と呼ぶ。中心溝の後部である中心後回には 1 次体性感覚野が存在する。この部位を刺激すると対応した身体部位に刺激を受けたような体感が生じる。1 次運動野と同じように，身体部位の感覚は左右反対の脳内部位と対応している。つまり，右半身への刺激は脳の左半球で処理され，右半身への刺激は左半球で処理される。体表の面積と脳内対応部位の面積は比例しておらず，細かい知覚が必要となる部位ほど脳内に割り当てられている面積は大きいという点も運動野と同じである。頭頂葉は空間的注意の制御と関わっていると考えられており，損傷すると半側空間無視など空間認識に大きな支障をきたす場合がある。

　側頭葉は外側溝と呼ばれる溝の下方にある。外側溝の下表面には 1 次聴覚野が存在している。耳から入力された聴覚情報はこの 1 次聴覚野に到達する。左半球の 1 次聴覚野のやや後方の側頭葉後部には感覚性言語中枢と呼ばれる領域が存在しており，この部位を損傷すると音声言語の意味の理解が困難になることがある。この領域はウェルニッケ（C. Wernicke）によって発見され，**ウェルニッケ領域**と呼ばれることもある。側頭葉下部には高次視覚領域が存在し，様々な物体にだけ反応する細胞が存在することが知られている。最も有名なのは顔や顔に似た形態をもつ物体に対して反応する顔細胞であり，この顔細胞が集まっている顔領域と呼ばれる部位が側頭葉下部に存在する。顔以外にも文字や場所，身体部位など日常よく目にする物体に対しては，その物体に特異的に反応する領域が側頭葉下部に形成され素早く正確な処理が行われる。

　後頭葉は頭頂葉と側頭葉の後方にあたる脳の後端部である。大脳半球の最後部の内側面には 1 次視覚野がある。網膜に映し出された視覚情報は視神経，視交叉，視索を経て視床の外側膝状体に達し，そこで中継された後に 1 次視覚野に届く。その際，左視野の情報が右半球に，右視野の情報が左半球の視覚野へと達する。視覚野では入力された情報の形態，向き，大きさなど様々な情報が別の細胞群によって処理される。一般的には後部ほど低次な情報が処理され，前部に情報が送られるにつれ様々な情報が統合され複雑な視覚情報が形成され

る。

②　間脳

　間脳は終脳と中脳の間に位置しており，視床と視床下部がその中心である。また視床上部には松果体と手綱核がある。視床は間脳の上側部分を占めており，左右一対の構造体である。多くの核から成っていて，大脳皮質の特定の領域と連絡がある。身体から大脳皮質への感覚情報の中継点として働く。視覚情報は外側膝状体，聴覚情報は内側膝状体で中継され，それぞれ大脳皮質の視覚野，聴覚野へ送られる。体性感覚情報は視床の後腹側核で中継されて体性感覚野へ送られる。感覚情報の中で唯一嗅覚だけは視床を介さず大脳皮質へ送られる。視床下部は間脳の下部を占める。視床下部は自律神経系コントロールの中枢として働くと同時に，内分泌系の制御を行い，摂食，水分調節，体温維持，性行動，攻撃行動などを制御している。内分泌系は視床下部細胞が産生するホルモンによって制御されている。

（2）中　脳

　中脳は橋の上方にあって，中脳蓋，被蓋，腹側部の大脳脚から成る。中脳蓋には一対の上丘と下丘があり，それぞれ視覚系，聴覚系の機能を担っている。被蓋には中脳水道周囲灰白質，赤核，黒質，腹側被蓋野などが含まれる。黒質は**神経伝達物質**の一つ，ドーパミンの産出に重要で，この部位の異常によってパーキンソン病が生じる。脳幹網様体には，神経細胞と神経線維が混在しており，網の目のようになった構造が脳幹の中心部で延髄から中脳にまで及んでいる。各種の感覚入力はこの脳幹網様体に送られ，これが大脳皮質の広範な部位に連絡して，睡眠─覚醒水準の維持を果たしている。

（3）菱　脳

①　後脳

　後脳は小脳と橋から成る。小脳は，表面が細い溝で覆われていて，左右2つの半球から構成されている。中央はつながっている。小脳は協調運動，平衡機能，姿勢の制御を行っている。そのため，小脳を損傷すると滑らかな運動出力

に障害が発生する。また運動学習にも関わっている。橋は，延髄と中脳をつなぐ「橋」の部分にあたる。小脳の腹側にあり大きく膨らんでいる。大脳皮質からの繊維を経由して小脳へ送るための核があり，情報連絡に重要な役割を果たす。

② 髄脳

延髄のことである。脳のうち最も尾側の部分である。延髄の腹側部には錐体およびオリーブ核がある。延髄には多くの脳神経核が存在する。また自律神経の中枢がいくつも存在し，呼吸中枢，循環中枢，咀嚼中枢，嚥下中枢，嘔吐中枢，発汗中枢などがある。生体の生命維持に極めて重要な脳部位である。

なお脊髄は全身の皮膚，筋肉，関節からの情報を脳へ送り，また脳からの情報を末梢の効果器へ伝える。脊髄からは脊髄神経が出入りしている。脊髄を損傷すると，切断部より下の身体部分の筋の麻痺や皮膚の感覚麻痺が生じる。

2　神経機能

（1）ニューロン（神経細胞）の構造とグリア細胞

すべての神経系において，情報処理を行うのは**ニューロン**（neuron：神経細胞）である。ニューロンは，他のニューロンからの信号を受け取り，その入力信号がある特定の基準（閾値）を超えた場合に別のニューロンに対して信号を出力するという機能をもっている。核を含んだ部分である細胞体からはいくつもの突起が出ており，これは樹状突起と呼ばれる。細胞体からはもう1本の比較的長い突起が出ており，軸索と呼ばれる。一般的にはこの樹状突起や細胞体において信号入力があり，細胞体から軸索を伝わって信号が伝わると一方向性の伝達が生じる。細胞体から軸索への移行部を軸索小丘といい，軸索の末端部は軸索終末部と呼ばれる。軸索は**グリア細胞**という細胞が何重にも巻いた組織によって覆われていることがあり，この組織のことを髄鞘と呼ぶ。髄鞘の隙間で軸索がむき出しになっている部分はランビエ絞輪と呼ばれる。また，他のニューロンとの信号伝達部位である接合部分のことを**シナプス**という（図4-3）。

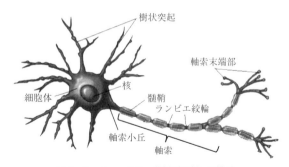

図 4 - 3　ニューロン（神経細胞）の構造
出所：*Atkinson & Hilgarsd's Introduction to Psychology 151E* よ
り一部筆者改変。

　神経系において情報伝達を行うのはニューロンだが，実はニューロンは脳内
に占めるすべての細胞のうちの一部に過ぎない。脳内に存在する他の細胞はグ
リア細胞と呼ばれ，これらの細胞はニューロンに栄養を送ったり，老廃物を除
去するなどニューロンの働きを助ける役割を担っている。

（2）活動電位の発生

　神経系における信号伝達は化学信号と電気信号に分けられる。他のニューロ
ンからの入力や別のニューロンへの出力は神経伝達物質という化学信号であり，
ニューロン内での信号は電圧の変化という電気信号である。電気信号のうち，
シナプス後部に電圧の変化が生じ，軸索小丘に伝わるものを局所電位と呼び，
軸索小丘以降の軸索に沿って軸索終末部まで伝わるものを活動電位と呼ぶ。
　ニューロンの活動を表す電気信号は，細胞膜をはさんだ細胞の内と外の電位
差（電圧）である。細胞膜の外側を基準にした時の細胞膜の内側の電圧は膜電
位と呼ばれる。信号入力のない状態，つまり静止状態における膜電位（静止膜
電位）は一般にマイナス数十ミリボルトの値となる（図 4 - 4 では-70mV）。膜電
位が静止膜電位よりもプラス方向に変化した場合を脱分極と呼び，マイナス方
向に変化した場合は過分極と呼ばれる。
　神経伝達物質が樹状突起や細胞体の受容体に結合してシナプス後部の膜電位
に変化が起こる。一つのニューロンには一般に数百～数万の単位の数のシナプ

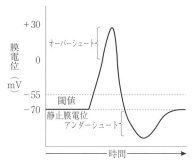

膜電位（mV）

+30

0

−55　閾値

−70　静止膜電位

オーバーシュート

アンダーシュート

時間

図4-4　膜電位と活動電位の発生
出所：筆者作成。

スからの入力があり，それぞれのシナプス後部における膜電位変化の総和が最終的なシナプス入力の大きさとして軸索小丘に伝わる。

　軸索小丘およびそれに続く軸索の細胞膜には，シナプス入力の総合された信号がある閾値（図4-4では-55mV）を超える大きさの脱分極として軸索小丘に伝わってくると，その部分での膜電位は非常に短時間のうちにプラス数十ミリボルトまで上昇することになる。膜電位が0ミリボルトを超えて上昇する部分をオーバーシュートという。このプラス数十ミリボルトまで上昇した膜電位はいくつかの機構により速やかに下降し，静止膜電位に戻る。この一連の過程で発生する一過性の大きな興奮性膜電位変化が活動電位である。活動電位の発生は，膜電位が閾値を少しでも超えればフルサイズの振幅の活動電位が生じるのであって，閾値の超え方の大小は活動電位の大きさには関係しない。したがって，活動電位の発生は発生したかしないかという**全か無かの法則**（all-or-none law）に従う。

（3）活動電位の伝わり

　活動電位は軸索を伝わり終末部に伝わっていく。このことを伝導という。伝導においては振幅は減衰しないが，伝導速度は，髄鞘をもたない軸索（無髄線維）の場合は秒速1メートル程度と比較的遅い。比較して，髄鞘をもつ軸索（有髄線維）は，髄鞘が絶縁体の役目を果たすことにより，効率のよい伝導が可

能である。有髄線維の伝導速度は速く，秒速100メートルにも達する。有髄線維ではランビエ絞輪のみに活動電位を発生させることで飛び飛びに活動電位を発生させて伝導することで高速の伝導を可能にしており，このやり方のことを跳躍伝導という。軸索終末部に活動電位が到達すると神経伝達物質の一連の放出過程が開始されることになる。

（4）シナプスでの伝達

　シナプスとはニューロンと他のニューロンとの接合部である。脊椎動物のシナプスには電気シナプスと化学シナプスが存在するが，成体の神経系に存在するのはほとんど化学シナプスである。ここでは化学シナプスについて説明する。
　化学シナプスではニューロンとニューロンの間（シナプス前膜とシナプス後膜の間）には20〜50ナノメートルのシナプス間隙と呼ばれる隙間がある。ニューロンは，シナプス間隙に化学物質（神経伝達物質）を放出し，放出された物質がシナプス後膜に存在するタンパク質（受容体）に結合することで情報を伝達する。神経終末には，神経伝達物質を含む直径約50ナノメートルの球形のシナプス小胞が多数存在する。神経伝達物質は小胞内に濃縮・貯蔵される。活動電位が軸索を伝導してくると，シナプス小胞はシナプス間隙に神経伝達物質を放出する。放出された神経伝達物質は，シナプス後膜にある受容体と結合することにより，膜の電位差をプラスの方向に変化させる興奮性シナプス後電位（Excitatory post-synaptic potential：EPSP），あるいはマイナスの方向に変化させる抑制性シナプス後電位（Inhibitory post-synaptic potential：IPSP）を生じさせることによって神経情報を伝達する。そのニューロンに活動電位が生じるかどうかは，同時に複数のシナプスで生じた膜電位の変化の総和によって決定する。伝達物質としての役目を終えて受容体から遊離した神経伝達物質は，シナプス前膜にある輸送体によって再取り込みされるか，分解・不活性化される。

（5）神経伝達物質

　1914年にアセチルコリンが初めて神経伝達物質として特定されてから，これまでに数十種類の物質が神経伝達物質として認められている。アセチルコリン

以外の主要な神経伝達物質は，アミノ酸，アミノ酸に由来するアミン，アミノ酸から構成されるペプチドの3種類に分類される。以前は，1つのニューロンはただ1つの神経伝達物質を用いると考えられていたが，現在では多くのニューロンが2種類以上の神経伝達物質やペプチドをもっていることが知られている。ここでは主な神経伝達物質に関して説明していく。

① セロトニン

脳内において神経伝達物質として働くセロトニン（脳内セロトニン）は脳幹にある縫線核で合成される。脳内セロトニンを生成する縫線核群は，大脳皮質，大脳辺縁系，視床下部，脳幹，脊髄など様々な脳領域と連絡しているため，様々な生理学的機能にセロトニンは作用すると考えられる。生体リズム・神経内分泌・睡眠・体温調節などの生理機能や気分障害・統合失調症・薬物依存などの病態に関与している。また，SSRIなどの抗うつ薬はセロトニンに関わり，これらは主にセロトニンの再取り込みを阻害し，シナプス間のセロトニンの量を増やすことによって作用すると考えられる。

② ドーパミン

ドーパミンは運動調節，ホルモン調節，快の感情，意欲，学習などに関わる。統合失調症の陽性症状（幻覚・妄想など）は大脳基底核や中脳辺縁系ニューロンにおけるドーパミン過剰によって生じるという仮説がある。それ以外にも強迫性障害，トゥレット障害，注意欠如・多動症（ADHD）などもドーパミン機能の異常の可能性が指摘されている。また，パーキンソン病では黒質線条体のドーパミン神経の減少が観察される。加えて，前頭葉に分布するドーパミン神経は快楽などと関連する報酬系などに関与し，意欲，動機，学習などに重要な役割を担っているといわれている。

③ GABA（ガンマアミノ酪酸）

GABAは脊椎動物の中枢神経系では，主に海馬，小脳，脊髄などに存在している。シナプスでは，シナプス前膜から放出され，後膜の膜上にあるGABA受容体と結合して作用を発揮する。GABAは基本的に抑制性の神経伝達物質である。つまり，受容体と結合することによりニューロンの過分極を引き起こし活動性を低下させる。そのため，GABAの量を増加させる薬は，主と

して鎮静，抗痙攣，抗不安作用を有している。

3　遺　伝

（1）遺伝と心理学

　遺伝とは，親の形質が子に伝わる現象のことをいう。古典的な家系研究や双生児研究によって，性格や気質などの特定の行動傾向や精神神経疾患などの行動異常に遺伝的要因が密接に関わることが明らかになってきた。科学的心理学が誕生した当初にも遺伝—環境論争が中心テーマの一つであったことからも，いかに心理学者が遺伝というものを重視してきたかがわかる。遺伝を発現させるものが「遺伝子」である。遺伝子はデオキシリボ核酸（DNA）より成り立ち，生命活動に必要な数多くのタンパク質を作り出すための情報となる。この遺伝子に人為的に変異を引き起こす遺伝子改変技術が1980年代から1990年代中頃にかけて進歩し，酵母やミノハエの遺伝子改変技術を応用して遺伝子改変マウスが造られるようになった。マウスを対象とした遺伝子改変技術が発達すると，正常または異常な行動（心的過程）を制御する遺伝子の発見を目的とした研究が展開されていった。その研究結果は不安，ストレス，攻撃性，抑うつ，薬物嗜癖，摂食障害，過緊張，アルツハイマー型認知症など様々な心的過程の理解に重要な役割を果たしてきた。ここでは行動と遺伝の関係について脳の活動との関連から概観する。

（2）行動と遺伝子

　1934年，トライオン（R. Tryon）[1]は**選択交配実験**と呼ばれる実験をラットの迷路走行に行い，行動表現型を選択的に育てられることを明らかにして遺伝の重要性を示した。この研究では，多数の雑多な種類のラットに複雑な迷路を走行させ，ゴールの箱に到達した際に報酬として食物を与えた。その際，迷路学習の成績が良い雄と雌を交配させると同時に，訓練中の迷路学習の成績が最も悪い雄と雌も交配させた。迷路が得意，不得意のそれぞれの家系で子孫が成長した後に，その子孫の中で迷路が得意，不得意の雌雄をさらに選び，交配させ

るという選択交配実験を行った。この交配実験を21世代まで続けたところ，8世代頃から迷路が得意な家系で成績の悪いラットでも，不得意な家系で成績が良いラットよりも優れた課題成績を収めるようになった。

　このトライオンの研究以降の様々な選択交配実験により，行動の発達は遺伝子によって調節されることが明らかとなった。ただし，これらの研究は環境の影響がまったくないことを示しているのではない。クーパー（R. M. Cooper）とズベック（J. P. Zubec）は行動の発達は遺伝子によって調節されるが，早期環境刺激はこの遺伝子の悪影響を克服することができることを示している。

　ヒトでは，遺伝が行動に与える影響を調べるため，血縁間の行動の類似性を見る方法（家系研究，双生児研究）が用いられていた。特に，心理学者は双生児，その中でも養子に出されて異なる環境で育てられた双生児を中心に研究を行ってきた。一卵性双生児は１つの受精卵から発生するので遺伝子がもつ情報は同一である。一方，二卵性双生児は２つの受精卵から発生するためそれぞれの遺伝子の類似性は一卵性双生児よりも低い。このことを背景に，別々に育てられた多くの一卵性および二卵性双生児を対象とした大規模研究であるミネソタ研究が行われた。双生児はミネソタ大学で知能と性格に関する心理テストを受けた。その結果，一卵性双生児は二卵性双生児に比べて，両者が環境を共有しているかにかかわらず，すべての心理テストにおいて類似の成績を示した。さらに最近の研究において，磁気共鳴画像法（MRI）で計測した脳の灰白質（ニューロンが存在している領域）の量が，二卵性双生児に比べて一卵性双生児でより高い相関を示し，さらにその量は知能と相関していることが示された。これらの研究結果から，ヒトの知能を測定する心理テストでの回答行動は，遺伝子によって調節され，環境の影響は少ないように思われる。しかし一連の研究では被験者すべてが養子受け入れの厳しい基準を満たす両親に育てられたということにも留意すべきであろう。

　近年，家系研究に分子生物学的手法を導入した分子遺伝学研究が注目を浴びている。この分野の研究では，ある心理的形質をもつ家族を見つけ，そうでない家族と比較し，最終的には標的となる形質と関連する遺伝子を探索する。例を挙げると，性格検査で新奇探索傾向と呼ばれる心理的形質は，ドーパミン受

容体の発現を制御する遺伝子の働きと関係がある。また，アルコール依存症の父をもつ子どもでは，アルコールを飲んだ際に快感情をもたらすエンドルフィンの分泌量が多いことが報告されている。これはアルコール依存症への遺伝的な耐性の低さを示している。ただし，これらの結果は単純に解釈できない面もある。たとえば，単一の形質が多遺伝子の影響を受けることが報告されているし，逆に単一遺伝子が多形質に影響を与えることも報告されている。したがって　分子遺伝学の研究結果を即時に鵜呑みにして遺伝子の働きを断定的に述べることは慎重になった方がよく，様々な要因との相互作用を考慮に入れて判断する必要があるだろう。

　遺伝子の多様性はたんぱく質の合成に影響し，脳の生理学的な活動に影響を与えることを通して，行動の多様性を生み出している。近年ではヒトの脳の活動を非侵襲的に計測する脳波や機能的磁気共鳴画像法（fMRI）を用いて遺伝子の多様性が脳の活動にどのように影響を与えるのかを直接的に検討することが可能になってきた。たとえば，ドーパミンの代謝酵素に関わる遺伝子の違いが，前頭葉の活動の違いに現れてくることが示されている。また，セロトニンの受容体の機能に関わっている遺伝子の型は，顔画像を見ている時の偏桃体の活動と関連していることが示されている。また，この遺伝子の型が性格傾向（危機回避傾向）と関連していることも示されている。遺伝子→脳活動→行動という一連の流れはわたしたち生物のもつ基本的な特性であり，この流れの中で精神的な疾患なども規定され得ることは否定できない。しかしながら，上でも述べたように，行動が遺伝子「だけ」によって規定されるものではなく，あくまでも環境との相互作用によって決定的になることもまた間違いのない事実であり，常に頭に入れておく必要がある。

注
⑴　Tryon, R. C. (1934) "Individual differences," F. A. Moss (Ed.), *Comparative psychology,* pp. 409-448, Prentice-Hall.
⑵　Cooper, R. M., & Zubek, J. P. (1958) "Effects of enriched and restricted early environments on the learning ability of bright and dull rats, *Canadian Journal of*

Psychology/Revue canadienne de psychologie, 12 (3), pp. 159-164.

学習課題

① 　大脳皮質，間脳，中脳，後脳の構造と機能に関してそれぞれ簡単にまとめてみよう。

② 　脳の各部位の機能の理解は精神疾患や心理援助とどのように関連するのかを考えて説明してみよう。

第5章

気持ちとやる気

1　感情の仕組み・機能

（1）感情とは

　わたしたちは日々の生活の中で，喜び，悲しみ，怒り，恐怖，驚き，嫌悪など様々な感情を経験している。アメリカ心理学会（American Psychological Association：APA）の心理学辞典によると，感情は「個人的に重要な事柄や出来事に対処しようとする，経験的，行動的，生理的な要素を含む複雑な反応パターン」と定義されている。たとえば，その出来事が他者からの称賛を伴うものであれば喜びが生じやすく，批判を伴うものであれば怒りや嫌悪などが生じやすい。

　感情に関する日本語には，感情，情動，情緒，気分などがあるが，英語にもaffectionやemotion，feeling，mood など様々な言葉がある。一般的にはこれらの言葉は同じような意味で使われることもあるが，心理学においてはそれぞれ異なった定義がある。心理学における感情（affection）とは，情動や情緒，気分を含む最も広い概念である。情動（emotion）は，明確な原因によって引き起こされる，急激に生じ，短時間で終わる比較的強い感情状態である。一方，気分（mood）は，長時間にわたって持続する，それほど強くない感情状態であり，原因が明確でない場合もある。情緒（feeling）は情動と同じような意味で用いられることがある。以下，情動や情緒，気分を含めた広い意味で感情という言葉を使って説明していく。

46

（2）感情の3つの要素

　感情は，主観的感情体験，生理的な反応，表出行動の3つの要素で構成される。主観的感情体験とは，うれしい，悲しい，怖いなど本人が感じる主観的な体験である。生理的反応とは，心臓がドキドキする，手が震える，汗をかくなどの身体的な変化である。表出行動とは，笑顔や泣き顔などの表情，身振りや手振り，声の調子など，感情が行動として表れたものである。これらの要素はわたしたちの経験や文化などによって影響を受ける。そのため，同じような状況に置かれていても，人によって異なる感情をもつことがある。感情の構成要素がどのように作用するかを説明するために，いくつかの感情の理論が提案されてきた。その後の研究で否定された理論もあるが，ここでは主要な理論について概説していく（図5-1）。

（3）感情についての理論

　ジェームズ─ランゲ説は最も有名な理論の一つである。心理学者のジェームズ（W. James）と生理学者のランゲ（C. Lange）がそれぞれ別々に提唱したジェームズ─ランゲ説は，感情は出来事に対する生理的反応の結果として生じるとするものである。この理論では，外界の刺激を見るとまず生理的な反応が起こり，その生理的反応をどのように解釈するかによって主観的感情体験が変化するとされる（感情の末梢説）。たとえば，あなたが森の中を歩いていてクマを見かけたとする。その時，あなたは体が震え，心臓がドキドキする。この時，あなたは「わたしは震えている，だから怖い」と結論づける。この理論によると，怖いから震えているのではなく，むしろ，震えているから怖いと感じるのである。

　もう一つの有名な理論がキャノン─バード説である。キャノン（W. B. Cannon）は，いくつかの理由によりジェームズ─ランゲ説に反論した。まず，キャノンは，人は実際には主観的感情体験がなくても生理的反応を経験することがあると指摘した。たとえば，心臓がドキドキするのは，怖いからではなく運動をしたからかもしれない。また，生理的反応をもとにして主観的感情体験が起こるのならば，それはあまりにも早く起こりすぎると指摘した。たとえば，環境の

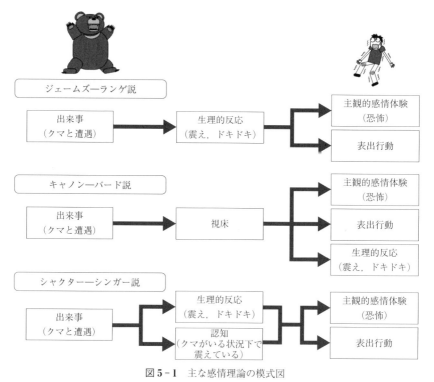

図5-1　主な感情理論の模式図

出所：筆者作成。

中で危険に遭遇した時，手の震えや呼吸の速さ，心臓の鼓動の高まりなど恐怖に関連した生理的反応を経験する前に，恐怖という感情を感じることが多い。キャノンは1920年代にこの理論を提唱し，その後1930年代に生理学者のバード（P. Bard）がこの理論を発展させた。キャノン―バード説によると，人間は，感情を感じると同時に，発汗，震え，筋肉の緊張などの生理的反応を経験する。具体的には，外界からの刺激が脳の視床（現在の分類でいう視床下部）に入り，視床から大脳皮質と末梢器官に情報が伝わることで，主観的感情体験と生理的変化が同時に生じる（**感情の中枢説**）。

　シャクター――シンガー説は，**感情の2要因説**とも呼ばれ，感情には生理的要因と認知的要因の2つの要因が必要であるとしている。シャクター（S. Schachter）とシンガー（J. Singer）が唱えたこの理論では，まず外界の刺激に

対して生理的反応が起こり，次にその生理的反応を生じさせている状況を個人
が認知して解釈することで，結果として感情が生まれるとされる。シャクター
―シンガー説では，同じような生理的反応であっても主観的感情体験が異なる
ような場合でも説明ができる。たとえば，試験の前に心臓がドキドキして手の
ひらに汗をかくような生理的反応が生じれば，その時の感情はおそらく不安と
解釈されるだろう。一方，デート中に同じような生理的反応が生じれば，その
時の感情はおそらく愛や愛情，興奮と解釈されるだろう。

　ダーウィン（C. Darwin）やジェームズは，早くから，生理的反応は単に感情
の結果として生まれるものではなく，それらは感情の生起に影響を与えること
を指摘していた。これに対し，トムキンス（S. S. Tomkins）は，生理的反応の
うち顔の表情（具体的には顔面の筋肉運動）が重要な役割をもつことを強調し，
表情が感情の生起に影響を与えるとする**表情フィードバック仮説**を唱えた。た
とえば，笑顔を作るだけで，うれしい，楽しいといった感情が生じるというの
である。しかし，表情が感情に与える影響については，一貫した研究結果が得
られていない。

　進化論で有名なダーウィンは，**感情の進化論**を唱え，感情は，人や動物が進
化の過程で，生存し繁殖するために獲得してきた適応の結果であるとしている。
この理論によると，感情は，人や動物が環境中の刺激に素早く反応できるよう
に動機づけ，生存・繁殖の可能性を最大限に高めるために役立つ。また，他の
人や動物の感情を理解することも，生存にとって重要な役割を果たす。たとえ
ば，見知らぬ人が眉間にしわを寄せ，顔を紅くしながら近寄ってきた時，あな
たはその人が怒っていることを理解し，その場を離れることができるだろう。
他の人や動物の感情を正しく理解することで，適切な対応をして危険を回避す
ることができる。

　一方，プルチック（R. Plutchik）は**感情の精神進化論**を唱え，有名な「**プル
チックの感情の輪**」を提案した（図5-2）。プルチックは，感情を人や動物に
共通してみられる8つの基本的な感情（喜び，信頼，恐れ，驚き，悲しみ，嫌悪，
怒り，期待）に分類し，それらを一次感情として位置づけた。この一次感情は
進化の過程で生まれたものであり，人や動物が生存可能性を最大限に高めるた

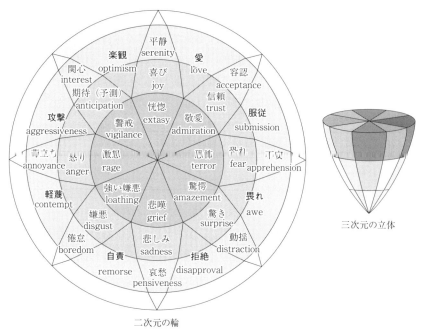

二次元の輪

三次元の立体

図 5 - 2　プルチックの感情の輪

注：感情の強さは輪の内側になるほど強くなる。たとえば，怒りについて，より強いものが激怒，より
　　弱いものが苛立ちである。また，輪の反対側に位置するものは反対の感情を表す。たとえば，喜びの
　　反対の感情は悲しみ，信頼の反対の感情は嫌悪である。この二次元の輪を三次元で表現したものが
　　「感情の立体モデル」である。

出所：Plutchik, R. (1980) "A general psychoevolutionary theory of emotion," R. Plutchik & H. Kellerman
　　　(Eds.), *Emotion : Theory, research, and experience : Vol. 1. Theories of emotion*, pp. 3-33, Academic
　　　をもとに筆者作成。

めに獲得してきたものである。これらの基本的な感情は，強くなったり，弱く
なったり，あるいは互いに組み合わさったりして，人間特有の二次感情を作り
出す。たとえば，喜びと信頼が組み合わさって愛という感情が生まれる。また，
悲しみと嫌悪が組み合わさって自責という感情が生まれる。

2　動機づけ理論

（1）動機づけとは

　なぜ，わたしたちはそのような行動をとるのか？　わたしたちの行動の背景
には，どのような動機があるのだろうか。動機とは，目標に向かって行動を起
こす直接的な原因のことである。空腹を満たすために食物を食べる，知識を得
るために本を読むなど，行動を起こすきっかけとなるものである。日常的には，
人が何かをする理由を説明するのに「モチベーション（動機）」という言葉が
よく使われる。いわば，人の行動の原動力となるものである。また，動機づけ
とは，ある目標に向かって行動を開始し，目標の方向へと行動を誘導し，行動
を維持する過程の総称である。

　動機づけについて学ぶことで，人がなぜそのような行動をとるのかを理解す
る助けとなる。ここでは，動機の分類やいくつかの動機づけの理論について紹
介していく。なお，動機と同じような意味で使われる言葉として欲求があるが，
ここでは動機という表現を使って説明していく。

（2）動機の種類

　動機は，**動因**（drive）と**誘因**（incentive）に分けられる。人が行動を起こす
ために必要な内的状態を動因，外的な条件を誘因といい，動機はそれらを総称
したものである。動因は主に生物学的なもので，喉の渇きや飢え，眠気，繁殖
などのように，人が生存・繁殖していくうえで必要な行動を起こす原因となる
ものである。動因は，人の内部から発生するものであり，外部からの刺激がな
くても行動を起こす。一方，誘因は，主に仕事や家族，人間関係などによって
もたらされる社会的な原因である。報酬を得たり，褒められたり，認められた
りといった要素も含んでいる。

　人の行動には様々なものがあるように，その背景にある動機も様々である。
心理学において，動機は**基本的動機**と**社会的動機**に大別される。基本的動機は，
人が生まれながらにもっている，生存・繁殖していくために必要な動機である。

基本的動機は，さらに**生物的動機**と**内発的動機**に分類される。社会的動機は，基本的動機を土台として，社会生活や経験を通じて獲得される動機である。

　生物的動機（生理的動機）は**ホメオスタシス性動機**とも呼ばれる。わたしたちの身体には，生命維持のために，身体を外部環境に適応させ安定させる「ホメオスタシス（恒常性維持）」の機構が備わっている。たとえば，飢えた時には食物を食べる，喉が渇いた時には水を飲むなどの行動をとる。その行動の原因となるものが生物的動機である。生物的動機には，飢え，渇き，睡眠，呼吸，排泄，性，苦痛の除去などがある。

　人は，ある行動を行った時に報酬が与えられると，その行動を起こす傾向が強まる。しかし，外部からの報酬がなくても，行動を起こすことがある。たとえば，本を読む，音楽を聴く，映画を観る，勉強をする，マラソンをするなどの行動は，それに対して外部から報酬が与えられなくても起こる。つまり，行動自体が快や満足感を与えているのである。こうした動機は内発的動機と呼ばれ，人が生まれながらにしてもっているとされる。内発的動機には，感性動機，好奇動機，操作動機，認知動機などがあるがここでは省略する。

　社会的動機とは，社会生活や経験を通じて獲得される動機である。社会的動機には，**親和動機，所属動機，達成動機**などがある。親和動機は，他者との親密な関わりを求めて行動を起こす動機である。所属動機は，他者との交流を求めて集団に所属する行動を起こす動機である。達成動機は，目標をやり遂げようと努力し，自分をより高めるための行動を起こす動機である。ワイナー（B. Weiner）らは，達成動機づけにおける**原因帰属理論**を提唱している。彼らは，行動の結果を解釈し予測する要素として，能力・努力・課題の困難度・運の4つを挙げ，それらを安定性と統制の位置の二次元にそれぞれを配置し，人はそのいずれかに行動の原因を帰属させると考えた（表5-1）。

　マズロー（A. H. Maslow）は，生理的動機を土台として，自己実現に至る動機の階層を考え，有名な「**マズローの動機の階層**」を提唱した（図5-3）。この動機の階層では，下位の動機が満たされて初めて上位の動機が成り立つと考えている。つまり，生理的動機が充足されて初めて安全と安定の動機が成り立つ，さらに，生理的動機および安全と安定の動機が満たされて初めて所属と愛

表 5-1　達成動機において認知される原因の分類

統制の位置	安定性	
	安定	不安定
内的	能力	努力
外的	課題の困難度	運

出所：Weiner, B., et al. (1971) "Perceiving the causes of success and failure," Jones, E. E., et al. (Eds.), *Attribution : Perceiving the causes of behavior*, pp. 1-26, General Learning Press をもとに筆者作成。

図 5-3　マズローの動機の階層

出所：Maslow, A. H. (1943) "A theory of human motivation," *Psychological Review*, 50 (4), pp. 370-396 をもとに筆者作成。

の動機が成り立つというのである。

（3）欲求不満

　動機が満たされないと，**欲求不満**（フラストレーション）の状態になり，緊張や不安を感じる。欲求不満を生み出す原因となるものには，動機が満たされるのを妨げる障害，動機を十分に満たせない欠乏などがある。また，2つあるいはそれ以上の動機が同時に存在する時には**葛藤**（コンフリクト）が生じる。

　人が欲求不満の状態になった時には，いくつかのパターンの反応がみられる。**攻撃的反応**とは，動機を満たすために，障壁に向かって攻撃的な行動をとり，障壁を排除しようとすることである。**退行反応**とは，子どものように幼稚な行

動をとる，甘えるなど，いわゆる「赤ちゃん返り」である。**逃避反応**は，別の行動をとることで，欲求不満状態から逃れようとすることである。ゲームをしたり，飲酒したりして欲求不満状態から遠ざかる行動も逃避行動といえる。**抑圧反応**とは，動機自体をなかったものとみなして思い出さないようにすることである。**固着反応**とは，動機とは無関係な意味のない行動を無意識に反復することである。爪を噛む，貧乏ゆすりなどがこれに該当する。

フロイト（S. Freud）は，欲求不満状態にさらされた時に，自我が傷つくのを防ぐために，無意識のうちに働く心のメカニズムが存在すると考え，それを**防衛機制**（**自我防衛機制**）と呼んだ（詳しくは第13章を参照のこと）。防衛機制による反応は，誰にでもみられる反応であるが，その傾向が極度に強まると，病的な症状や性格特性を示すことがある。この防衛機制の中には，上述の退行反応や抑圧反応も含まれる。

注

⑴ American Psychological Association, "APA Dictionary of Psychology"（https://dictionary.apa.org/ 2021年 7 月20日閲覧）.

参考文献

宇津木成介（2015）「感情の概念を巡って——用語の歴史的検討の試み」『感情心理学研究』22（2），75〜82頁。

岡田顕宏・阿部純一（2000）「心理学における感情研究の歴史と動向」『日本ファジィ学会誌』12（6），730〜740頁。

加藤伸司・山口利勝編著（2014）『心理学理論と心理的支援（第 2 版）』ミネルヴァ書房。

北尾倫彦ほか（1997）『グラフィック心理学』サイエンス社。

齊藤勇編（2005）『図説心理学入門（第 2 版）』誠信書房。

社会福祉士養成講座編集委員会編（2015）『心理学理論と心理的支援（第 3 版）』中央法規出版。

奈須正裕（1988）「Weiner の動機づけに関する帰属理論についての研究」『教育心理学研究』37，84〜95頁。

美濃哲郎・大石史博編『スタディガイド心理学（第 2 版）』ナカニシヤ出版。

向井希宏・水野邦夫（2016）『心理学概論』ナカニシヤ出版。

学習課題

①　福祉・医療・教育などの対人援助職の仕事は「感情労働」といわれている。なぜそのようにいわれるのか考えてみよう。また，感情をコントロールするためにはどのようにすればよいか，シャクター――シンガーの2要因説を参考に考えてみよう。

②　原因帰属理論に基づいて，実際の社会における原因帰属の例を，能力・努力・課題の困難度・運のそれぞれに帰属させた場合について考えてみよう（それぞれ，結果がうまくいった場合とうまくいかなかった場合について考える）。

第6章

見え方と感じ方

1　感覚モダリティ

（1）感覚モダリティとは

　わたしたちの周りには様々な情報があふれている。天気の良い夏の日に山の中の湖の畔に立っていると想像してもらいたい。緑色の木々や，きらめく水面と反射する日光などを目にするだろう。また，風で木々がそよいでいたり湖で魚がはねたりする音が聞こえるかもしれないし，夏に咲き乱れる花の香りを感じることもできるだろうし，その花に触れることもできる。これらは自然環境の中に存在している情報といえるものである。そして，それらの情報に基づいてわたしたちは心地よいと感じたり，しばらくその自然の中にたたずんでみたりするなどの行動に結びつけることもある。すなわち，わたしたちは周囲に存在する多様な情報を目や耳などの感覚器から取り込むことによって外界状況の理解に結びつけている。

　このような外界を理解するために機能しているものとして，五感と呼ばれる視覚，聴覚，味覚，嗅覚，皮膚感覚が知られている（表6‐1）。このうち，皮膚感覚には触覚，痛覚，冷覚，温覚などが含まれる。さらに，内臓感覚や前庭機能（平衡感覚）などは空腹感や胃腸が気持ち悪いといった自分自身の状況を知るために働いている。

　このような感覚の種類は感覚モダリティといわれるものである。たとえば，視覚であれば眼に光を受けることによって明るさや色を感じることになるし，

表 6 - 1　感覚の分類と適刺激

感覚モダリティ	感覚器	通常の適刺激	感覚の性質
視覚	眼	光（可視光）	明暗・色
聴覚	耳	空気の疎密波（音波）	音
皮膚感覚	皮膚	機械的刺激・温度刺激など	触・圧・温・冷・痛など
嗅覚	鼻腔の嗅粘膜	揮発性の物質	匂い
味覚	舌・一部の口腔内部位	溶解性の物質	味
内臓感覚	胃・腸・心臓などの内臓	圧・血糖・水分不足・血中酸素など	空腹・渇き・心拍動など

出所：松田隆夫（2000）『知覚心理学の基礎』培風館を再構成して筆者作成。

皮膚に圧を感じることで触られたと感じる。そして，感覚器が受け取る特定の刺激のことを**適刺激**（adequate stimulus）という。表 6 - 1 に示されているように，感覚器がそれぞれの感覚モダリティに対応した適刺激を受け取ることによって特定の感覚の性質が生じる。ただし，不適刺激の場合であっても，たとえば指で眼を押して圧を加えることで光を感じることもある。また，通常は光に対して明るさを感じるなど，適刺激に対応して特定の感じ方が生じるが，音に対して色が見えたりする場合があり，これを**共感覚**（synesthesia）という。

（2）マスキング

　わたしたちは感覚モダリティを通じて外界を感じているが，外界のすべてを認識して理解しているわけではない。なぜなら，感覚器や機能における制限を有しているためである。視覚の場合で考えてみると，適刺激である光は網膜に投影されるが，網膜には視神経が集まっているため視細胞がない盲点があって，その部分に物体や景色は投影されない。そのため，わたしたちの視野の一部は欠けた状態にあるといえるが，通常はそれを感じることはない。これは盲点部分で欠けた情報を周囲の情報で補完しているためである。また，聴覚の場合で考えてみると，周りの音が大きいところでは隣にいる人が話す声も聞こえにくくなることがあり，わたしたちがすべての音を聞くことができないことがわかる。このように他の音があることで音が聞こえにくくなる現象は聴覚マスキン

グという。**マスキング**は他の感覚モダリティでも生じるもので，たとえば不快な臭いがある時に別の臭いを用いて抑制することはその一例といえる。つまり，外界はそのままの情報が取り入れられているとは限らず，様々な内的な処理が行われているのである。

（3）閾

　光のうち人間が認識できるのは380ナノメートルから780ナノメートルの範囲の波長に含まれる可視光に限られており，逆にその範囲を外れる赤外線や紫外線を見ることはできない。聴覚も同様で，わたしたちが耳で感じることができる音の範囲は約20ヘルツから2万ヘルツの範囲である。したがって，わたしたちは外界に存在するもののうち一部を認識しているに過ぎないことが理解できる。さらに，刺激が存在していればいつもわたしたちがその存在を感じることができるかというと，そういうわけではない。たとえば，グラスに入った水に砂糖を数粒入れたとすれば，非常に薄いが砂糖水といえる。しかしながら，その砂糖水を飲んだとしても砂糖の量が少なすぎて甘さは感じられないだろう。砂糖を少しずつ足していき，ある時に甘さを感じることが普通である。これは**刺激閾**（絶対閾）を超えたため甘さを感じたと考えられる。刺激閾とは外界の刺激の存在を感じることができる最小の値のことをいう。したがって，たとえ物理的に存在していても，刺激閾を超えないと存在していないと感じられることになる。

　また，2つ以上の刺激を区別できる最小の値のことは**弁別閾**といわれる。たとえば右手に100グラムの米粒，左手に101グラムの米粒を載せて重さを比べた時に，普通はその違いを区別することは難しい。しかしながら，左手に一粒ずつ米を載せていくと，どこかで違いに気づくことができる。これはそれぞれの重さの違いを区別できる弁別閾を超えたためと考えられる。このときの刺激間の差のことを丁度可知差異（just noticeable difference：jnd）という。

（4）順応と残効

　物理的な強さが同じであったとしても状況や人によって感じ方が異なること

がある。たとえば，明るい日中に自動車を運転していてトンネルに入った時には暗さに慣れるまでは周囲の様子を把握できないことがあるが，慣れてくると周囲がどのような様子であるかを理解できる。つまり，トンネル自体の明るさに違いはないにもかかわらず，わたしたちの外界の感じ方が変化していることを示しており，これを**暗順応**という。逆に暗いトンネルから明るい日中に出てきた時にもしばらくは慣れない状態となり，これを**明順応**という。順応は明暗にだけ起きることではなく，同じ刺激を継続して提示されていると刺激に対する感じ方が変化していくことで生じる。はじめは匂いに慣れなくとも，しばらくするとあまり気にならなくなったりするのはその一例である。

　持続的に一定の刺激が受容器に提示されていると，その刺激が提示されなくなっても何らかの刺激が提示されているように感じることがある。これを**残効**（aftereffect）という。残効の例としてよく知られているのは色残効と運動残効で，赤い色を見た後には補色である緑色が残効として生起する。また，映画の最後に提示される下から上に流れていくエンドロールを眺め続けた後に何も提示されていないスクリーンを見ると，クレジットとは逆の上から下への運動を感じることがある。さらに，踏切で見かける赤いライトが2つ並んだ警報器のことを考えてみよう。見ていると左右にライトが移動しているように感じられないだろうか。しかしながら，実際には運動はしておらず1つずつのライトを見ると単に点滅を繰り返しているだけである。このように実際には運動していないにもかかわらず運動を感じることを**仮現運動**（apparent motion）という。

　感覚モダリティは視覚や聴覚など単独で機能しているだけではなく，相互に影響を与えることも知られている。たとえば，視覚刺激と聴覚刺激による知覚への影響として**マガーク効果**が知られている[1]。これは口の形と発声が整合していない時に起きるもので，聴覚として ba，視覚として ga が指摘された時にda と認識される場合がみられる。また，人間の場合には視覚に対する依存が高く，状況を理解する際に視覚が優位に働くことがある。たとえば，テレビや映画を見ている時に，実際にはスピーカーから音が生じているにもかかわらず通常は画面やスクリーンに写る人物の口から発声されているように感じ，これを腹話術効果という[2]。

2　知覚の情報処理過程

（1）知　覚

　わたしたちは感覚器を通じて外界の対象や環境がどのような状態であるかを理解しており，これを知覚（perception）という。知覚の成立には過去の経験や知識が影響することもあり，感覚（sensation）とは区別されることもある。また，記憶や場面の理解といった，さらに高次の心的過程として認知（cognition）がある。近年ではこれらは一連の処理過程ととらえられることも多く，その背景の一つには人間の外界の理解に情報処理の流れが用いられるようになったことがある。ここで扱われる情報とは外界の刺激のことであり，その後の内的過程を経て行動などの反応に結びついている。これはまた，刺激の入力から反応の出力という一連の流れともいえる（図6-1）。つまり，外界の刺激（＝情報）はわたしたちの内的処理によって様々な影響を受け，それに基づいて反応としての知覚や認知，行動が成立しているのである。

（2）「図と地」と錯視

　心理学では古くから知覚の理解について取り組んできた。すなわち，わたしたちは環境をどのように理解するのかということである。なぜ知覚が心理学の研究対象となるのか不思議かもしれない。その理由はいくつか挙げることができる。第一に，わたしたちは外界を理解する時に一定の傾向をもつことがあり，心理学ではその仕組みを説明しようとしてきたことがある。もしもまったく何もないぼんやりとした霧の中で周りを見ているとすると，均一な視野が得られて何の形も知覚することはできず，これを全体野という。霧が晴れてきて何らかの形を見出すことができ周りと区別されると，その形は図（figure）となりその他の領域は地（ground）として知覚され，これを図と地の分化という。図となったものは形をもち周りとは区別されて知覚され，地は形をもたず図の背景となっているように感じられる。この時，閉じられている形はどこかが不完全な形よりも図になりやすいなど，いくつか図になりやすい要因が知られてい

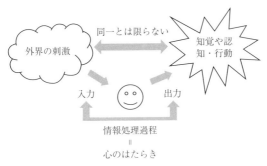

図 6 - 1　知覚における情報処理の流れ

出所：筆者作成。

図 6 - 2　多義図形の例（ウサギとアヒル）

出所：Jastrow, J. (1901) *Fact and Fable in Psychology*, Macmillan and Co. より。

る。図と地が入れ替わることもあり，これを**多義図形**という[4]。図 6 - 2 は多義図形の例で，右を向いているウサギが見えたり左を向いているアヒルが見えたりするが，両方を一度に見ることは困難で，ウサギかアヒルかのいずれかが図として知覚される。

　図として知覚されたいくつかのものはまとまって一つの図としてとらえられることが多く，その傾向として簡潔で秩序があるまとまり，つまり「よい形」[5]として理解しようとする。ゲシュタルト心理学ではこの傾向のことを**プレグナンツの法則**と呼んでいる。

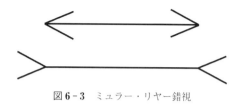

図6-3　ミュラー・リヤー錯視

　第二に，わたしたちが知覚した結果として理解している外界と実際の物理的
な世界は必ずしも一致していない場合があることもその理由である。たとえば，
視覚における錯覚として，**錯視**と呼ばれる現象が知られている。ミュラー・リ
ヤー錯視（図6-3）はその代表的な例である。上下に同じ長さの線分が並んで
いるにもかかわらず，外側に向いた矢羽根が両端についた上側の方が内側に向
いた矢羽根が両端についた下側よりも短く見える。この例は物理的には等しい
長さである線分を異なる長さの線分としてわたしたちが知覚することがあるこ
とを示している。錯視は見え方の間違いやエラーと考えられることもあるが，
間違わないように注意深く観察した場合でもやはり上側が短く見えることから，
単なる見間違いのようなものではないと考えられる。

（3）恒常性

　図6-4は道路の風景を撮影したものである。これを見た時に手前の方の車
よりも奥の方の車の方が小さく見える。しかしながら，わたしたちはそれらが
車であることを知っていれば，それぞれの大きさにさほどの違いはないと判断
するだろう。また，遠くから近づいてくる車を見て，だんだんと大きさが変化
していると考えるようなこともない。これは**大きさの恒常性**（constancy）が機
能しているためで，わたしたちが網膜に投影されたままの情報ではなく，その
情報に基づいて処理がなされて外界を理解していることを示している。恒常性
は大きさだけではなく，ホワイトボードを見た時に物理的には光の反射や陰で
異なった色であったとしても一様の色にとらえられる色の恒常性や，見る角度
によって物体の形が変化したとしても一定の形としてとらえることができる形
の恒常性などがある。恒常性が機能していることによって，わたしたちは安定

図6-4　現実場面における大きさの恒常性
出所：筆者撮影。

した世界を知覚することができるのである。

3　アフォーダンス

（1）アフォーダンスとは

　山登りの途中で道を歩いていて，そばにちょうど良い高さをもつ手頃な大きさの石を見た時にどのようなことをするだろうか。疲れてきたことだしちょうど良いと思って腰掛けてみようと考えることはないだろうか。これは環境内の存在からアフォード（afford）された結果と考えることができる。このような時，その石は人に腰掛けるようにアフォードしているといえ，観察者との関係で存在しているものである。アフォーダンス（affordance）はギブソン（J. Gibson）の理論で用いられた造語である。ギブソンの著書である『生態学的視覚論』ではその具体的な例として，陸地の表面の状態についての説明がなされている。

　ギブソンの考え方では，知覚とは環境内の価値や意味を人間や動物が環境から直接的に抽出していくものとされ，環境内の様々な物質は様々なアフォーダンスを有して行動と関連しているとされている。陸地の表面であれば支えられるので通常わたしたちはその上を歩いたり座ったりすることに用いることができるととらえることが可能であるが，もしもその表面がまったく安定しておらず，水面のような状態であったらどうであろうか。おそらくそのような状態で

図6-5　後退したい時にはどのように操作するとよいだろうか
出所：筆者撮影。

あった時には歩こうとするような人間はおらず，その点では水面は陸地の表面のようにはアフォードしていないということになる。また，アフォーダンスは環境内で生体に知覚されることもあれば，知覚されないこともある。

　ノーマン（D. Norman）は，このようなアフォーダンスの考え方について，より実際的な観点から現実場面での行動に関連させ，アフォーダンスを人の行動を導くデザインのために利用できるものとして紹介している[8]。ノーマンによる書籍にはドアやスイッチなどについての様々な具体的な例が挙げられている。

（2）アフォーダンスとエラー

　臼井は，アフォーダンスを利用することでエラーの低減に役立つことを指摘している[9]。つまり，アフォーダンスはわたしたちが生活する様々な場面に存在し，わたしたちの行動と関わっていると考えられる。図6-5はある自動車のシフトレバー部分を撮影したものである。マニュアルトランスミッションなので，自動車を運転する時にはシフトノブを握って操作する必要がある。この時，たとえ運転免許を持っていないとしても，この形状を目にしたらシフトノブを握ってレバーを動かすことがアフォードされるだろう。実際，自動車を前進させる時にはそのようにして操作する。しかしながら，後退しようとした時には慣れない人は戸惑うことになる。実は後退時には図6-5の矢印のようにシフ

トノブの下部分を上に押し上げてからシフトレバーを操作する必要がある。つまり，アフォードされた操作の他に，適切な部分を「押し上げる」という知識を有していないと正しい操作に至らない。これは運転中の後退の誤操作が起こりにくくするためのデザインと考えられる。

　その他の場面でもアフォーダンスに気づくことがあるだろう。たとえば，窓の側に，ある程度の高さがある箱が置かれているとすれば，それを見た誰かがその上に腰掛けようとしたり，その箱に足を掛けて窓を拭こうとしたりといった行動をとる可能性が考えられる。このことから，箱が置かれてあることによって，場合によっては窓からの転落といったことにつながりかねない危険性が増大する可能性を指摘することができる。つまり，人間が環境内の存在からアフォードされて行動することがあると認識することで，望ましい行動を導いたり，エラーが起きないよう安全性について配慮したりすることが可能となる。

注

⑴　McGurk, H. & MacDonald, J. (1976) "Hearing lips and seeing voices," *Nature*, 264, pp. 746-748.

⑵　Jack, C. E. & Thurlow, W. R. (1973) "Effects of degree of visual association and angle of displacement on the "ventriloquism" effect," *Perceptual and Motor Skills*, 37 (3), pp. 967-979.

⑶　松田隆夫（2000）『知覚心理学の基礎』培風館。

⑷　Jastrow, J. (1901) *Fact and Fable in Psychology*, Macmillan and Co.

⑸　Kanizsa, G. (1979) *Organization in Vision : Essays on Gestalt Perception*, Praeger Publisher.（＝野口薫監訳（1985）『視覚の文法——ゲシュタルト知覚論』サイエンス社。）

⑹　Gibson, J. J. (1979) *The ecological Approach to Visual Perception*, Houghton Miffin Company.（＝古崎敬ほか訳（1985）『生態学的視覚論——人の知覚世界を探る』サイエンス社。）

⑺　辻敬一郎（1976）「ギブソンの理論」依田新・本明寛監修『現代心理学のエッセンス』ぺりかん社，143～166頁。

⑻　Norman, D. (2013) *The design of everyday things : Revised and expanded edition*, Basic books.（＝岡本明ほか訳（2015）『誰のためのデザイン？（増補・改

　訂版)』新曜社。)
⑼ 臼井伸之介（2013)「注意と安全」日本認知心理学会編『認知心理学ハンドブッ
　ク』有斐閣，112～113頁。

学習課題

① プレグナンツの法則とはどういったものかまとめてみよう。
② 閾値とはどのようなものか説明してみよう。
③ アフォーダンスの考え方は働く現場でどのように用いることができるか考えてみ
　よう。

第7章

動き（行動）を身につける

1 適応のための行動の変化

　わたしたちは，環境の変化を経験することで，その後の行動を変化させ，それは少なくともしばらくは維持される。小さな子どもは，道を歩いている時に急にクラクションを鳴らされると驚いて固まってしまうかもしれないが，鐘を鳴らして走ってくる消防車が近くに来た時には，大きな音を聞いて固まってしまうだけではないかもしれない。それどころか，真っ赤な車体が見えた時には，カッコよさに見とれて興味津々かもしれない。あげくには，その後を追っていって，消防士の人たちがどんなふうに活躍しているかを見ようとする子どももいるだろう。

　このような一連の変化は自然に起きるものだが，反応や行動の変化として，いくつかの種類に分けることができ，敏感さに個人差もあるだろうが，その現象の特徴や法則は，子どもだけではなく，お年寄りや障害をもっている人たちにも共通であり，働きかける時に役に立つ知識となる。

　本章では，①単一の刺激への変化として馴化・鋭敏化，②2つ以上の刺激の組み合わせを基本とする古典的条件づけ，③刺激と行動の組み合わせを基本とする道具的条件づけの3種類について学んでいく。これらの研究領域は，比較的永続的な行動変化として**学習**と呼ばれて研究されてきた。

　学習の研究は，現在，様々な課題に対して有効であることが示されている**認知行動的アプローチ・認知行動療法**の重要な根拠の一つとして役に立っている。

そこでは，適切な行動を学修することを支援したり，学習された不適切な行動を修正したりすることが行われるが，そのような理解やそこで適用する技法は，ここで紹介していく**学習の原理**に基づいている。

2　馴化・鋭敏化

はじめの例に挙げたように，大きな音を聞くとはじめはびくっとしていても（驚愕反応），同じ環境で何度も何度も聞くうちにびくっとしなくなっていく。この現象を**馴化**（慣れ）と呼ぶ。その生じ方は，基本的には，同じ刺激を繰り返し提示すると，初めてよりも2回目の反応が小さく，2回目よりも3回目が小さいというように，回数を重ねるごとに小さくなっていく（図7-1）。また，その刺激提示が短い間隔（試行間間隔）で繰り返す方が，馴化が起りやすい。

馴化は，まぶしい光を見ると，目の働きとして光彩が小さくなって入ってくる光の量を少なくするというような末梢器官の働きではない。あるいは，大きい音を聞いたために難聴になるというような末梢器官の障害でもない。馴化は末梢ではなく中枢のプロセスなのである。

馴化は，危険があるかもしれないと刺激の源を見つけようとする**定位反応**が次第になくなっていくプロセスを考えると，それが適応に役に立っていることを理解しやすい。思ってもいない場面で大きな音が聞こえると，そちらを向いて音を出したものを見つける行動がよく観察される。しかし，繰り返し音が聞こえると危険ではないと理解して，そちらを見ることがなくなる。これは，他にするべきことを優先し無駄な労力を払わなくなる適応的な変化である。

また，新しいものや興味のあるものは，どんなものなのか情報を集めるために，それに注意を向けるが，しだいに見慣れてくると，ほとんど注意を払わなくなる。これも馴化の一つと考えることができる。この場合も，繰り返しによって注意を払わなくなることは適応のために役立つ。

また，かなり大きな音だとなかなか馴化が生じにくいのに対して，ほどほどに大きな音では馴化が生じやすい。つまり馴化は，**刺激強度**に影響される。音であれば大きさということになるが，同じように，新しいおもちゃなど興味の

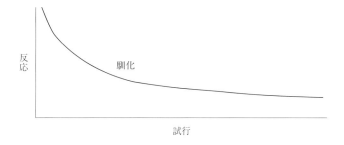

図7-1 試行を続けると反応強度が低下していく
出所：筆者作成。

あるものの場合には，より新奇なもの，より興味深いものでは馴化が生じるのが遅れることになる。これらも刺激強度の一つととらえれば，刺激強度によって馴化の表れ方が系統的に変化すると考えることができる。

　この時，小さな音では，もともとの反応が小さいので馴化が見えやすいが，大きな音ではなかなか反応が低下しないので馴化していることが見えにくいということでもある。実際には，大きな音の方が馴化という働きがより明確に発生しているということができる。言い換えれば，小さい音では馴化という働きを起こす必要がないともいえる。

　刺激を繰り返し受けることによって起きるのは，その刺激がなじみのものに変化していくことである。その結果として，その刺激への好感度が増す効果もあり，これは**単純接触効果**と呼ばれる。新しい土地に引っ越して，はじめは耳障りに感じていた祭りの太鼓の音も，なじんでくるとその季節になくてはならないように感じ，愛着が生じてくるようになることもあるだろう。また，はじめはあまり好みではなかったスパイシーな味も，何度か繰り返して味わうというプロセスによって好きになっていくという変化が起きることもある。

　馴化の特徴の一つに，**刺激特定性**と呼ばれるものがある。鐘の音を繰り返し聞いていると，また鐘が鳴っても驚かなくなっていくが，クラクションの音を聞くと驚く。そして，クラクションの音を繰り返し聞いて驚かなくなった後で，急に，鐘の音を聞くと驚く。つまり馴化はすべての刺激に慣れて鈍感になってしまうということではない。馴化は特定の刺激に対して反応が減少するのであ

り，それ以外の刺激ではしっかりと反応が生じる。

　一方，元の刺激に似ている刺激の場合には，馴化の効果が広がっていく。これは**刺激般化**という，似た刺激では元の刺激ほどではないが元と同じような影響力をもつという一般的な現象の表れといえる。その広がりは似ている度合いに応じている。たとえば，鐘が鳴る音への馴化が生じた場合，元の鐘の音にかなり似た音に対してはかなり慣れが生じ，少し似た音では少し慣れが生じる。そして，ほとんど似ていない音では慣れは生じておらず，違う音では先に紹介した刺激特定性が示されるのである。

　類似した刺激を提示することに関連して，小さな音から次第に大きな音を提示すると，はじめから大きな音を提示するよりも，馴化が効果的に進む現象が知られている。これは，同じ種類の音をランダムに提示することでは得られないので，いろいろな種類があることの効果ではなく，刺激提示順序の効果とされる。あまり大きな反応を起こさない弱い刺激に馴化が生じることで，刺激般化により，それよりもやや強い刺激に対しても反応が減弱して馴化が進行し，このプロセスが続くことによって馴化がより促進するという可能性が考えられる。

　刺激に対する馴化の効果はずっと続くものではなく，馴化が生じたのち，しばらく時間が空いてから，再び同じ刺激が示されると，それまでほとんど消えていた，あるいは，弱くなっていた反応がまた示される。これを**自発的回復**と呼ぶ。この時に，時間間隔が長い方がより自発的回復が生じ，元の反応の強さに近くなる。馴化という働きは，刺激の提示のない時間経過にしたがって減弱していく。

　このような馴化の働きを弱める影響は，別の刺激を提示することでも生じる。たとえば，鐘の音を繰り返し提示することで馴化が生じたのちに，サイレンの音を提示することで，鐘の音に対する馴化の効果が弱まり，再び，鐘の音に対する反応が生じるようになる。これは，**脱馴化**と呼ばれるが，同じ音刺激ではなく，光刺激を提示することでも生じることも知られている。

　この脱馴化も，馴化が，単なる末梢の感覚器の機能が低下するとか，鈍麻するという現象ではないことを示唆している。もしも，大きな音が難聴などの感

覚器の機能障害をもたらし馴化につながるとすれば，別の音刺激や，まして光刺激を提示することで，反応が回復することは考えられないからである。

　さて，ここまで馴化という反応を弱める働きを中心に考えてきたが，刺激を提示することで，刺激に対する反応がむしろ増大する**鋭敏化**という現象があることも知られている。これは，馴化のプロセスの初期にも観察されることが多く，また，提示する刺激の強度が高い場合によくみられる。大きな音が聞こえれば，その方角に注意を向けることは一般にみられるが，この時に続いて大きな音がすれば，より明瞭にかつ詳細に刺激を受け取ることになるはずである。

　つまり，特に強い刺激の場合には，その刺激そのものが注意を喚起したりする一時的なプロセスと，繰り返しを経験することで反応を減弱し馴化をもたらすようなプロセスとが同時に生起していると考えられる。1回の刺激提示で観察される反応はこれらの2つのプロセスが合わさったものである。

　認知行動的アプローチの一つとして，**系統的脱感作**（desensitization）という技法がある。これは，先に紹介した刺激提示の順序がある馴化に類似しているが，不安による不適応を改善するために，不安を喚起する刺激の中で，あまり不安を喚起しないものを提示することで反応を減弱させ，次に前より少しだけ不安を感じる刺激の提示で反応を減弱させることを繰り返すことで，最後には，克服したいと考えていた刺激条件下で適切な行動がとれるようになることを目指すものである。

3　古典的条件づけ

　複数の刺激が提示される状態で生じる学習は，**古典的条件づけ**と呼ばれて研究されてきた。**条件づけ**（conditioning）という名称は，何かの刺激による影響に他の要因が〈条件〉として影響を与えるという側面を説明しているが，内容は学習なので，**古典的学習**とも呼ばれる。また，刺激同士の組み合わせという手続きであるので，受け身的であることを表す**レスポンデント条件づけ**（レスポンデント学習）とも呼ばれる。古典的条件づけは学習されると安定して示され，わたしたちの日常生活を支える重要な心理的メカニズムである。

記録計

図7-2　パブロフの実験装置

出所：筆者作成。

　この領域は，20世紀のはじめに，**パブロフ**（I. P. Pavlov）によって研究が始められ，その研究室で系統的な実験が実施され，その成果が整理されている。パブロフは，消化腺の研究でノーベル生理学賞を受賞したロシアの研究者であり，その古典的条件づけの研究では，イヌの唾液分泌を指標として研究が進められた。

　図7-2は，パブロフがイヌを対象として行った唾液の条件づけの実験装置である。このイヌは，手術によって唾液腺の一部が外部に取り出され，唾液反応を観察することができるように準備されている。このイヌに餌を提示すると，口腔内に唾液が出る反応が生じ，実験者も唾液反応を観察することができる。これは反射であり，後に紹介する条件づけの結果として生じるようになる唾液反応と区別して，**無条件反射**と呼ばれ，その反応を引き起こす刺激を**無条件刺激**（US）と呼ぶことがある。

　このイヌにメトロノームの音を聞かせても唾液分泌は観察されない。つまり，メトロノームの音は唾液反応を引き起こさない中性的な刺激である。古典的条件づけでは，このような**中性刺激**と無条件刺激を時間的に接近させて提示する対提示手続きが用いられる。対提示が繰り返されることで，元は中性刺激であったメトロノームを聞くだけで，イヌが唾液反応を次第に示すようになるのである。この学習のプロセスが古典的条件づけと呼ばれ，学習された反応が**条件反射**（条件反応），その反応をもたらすようになった刺激は**条件刺激**（CS）と呼ばれる。図7-3に示したように，条件づけの形成は，初期には大きな変化

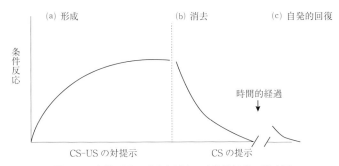

図7-3　条件づけの形成と消去，自発的回復の模式図

出所：筆者作成。

があるが安定的な反応レベルに近づくと変化は緩やかになる。

　この学習による条件反応は，対提示をせず条件刺激だけを単独提示する**消去手続き**を行うことで，図7-3に示したように，急速に減弱していく。このプロセスは形成と対比して消去と呼ばれる。そして，消去手続きでいったん消失した反応も，時間経過を置くと，何もしなくても反応が回復する自発的回復がみられる。

　この古典的条件づけは，実験室だけで生じる現象ではなく日常生活の中でも生じていると考えられる。たとえば，わたしたちは梅干しを見ることで，パブロフの実験のイヌではないのに，唾液が出てくるだろう。これは，日常生活の中で繰り返して，梅干しを見ながら食べるという経験をすることで学習した結果といえる。梅干しを初めて見て砂糖漬けかと思うような外国生まれの人ではそんなことは起こらない。

　条件刺激と類似した刺激では，その類似度の度合いに応じて条件反応が示される。これを刺激般化と呼んでいる。音の周波数のように元の刺激より高い方向と低い方向という両側に類似度が広がっている場合には，図7-4に示したように，釣鐘状の形が典型的である。一度，満員電車で気分が悪くなった人が満員電車に対する不安を感じ，その刺激般化でそれほど混んでいない電車でも不安になり，外出が困難になることはそれほど珍しくない。

　この**般化曲線**は，消去手続きによって元刺激の条件反応が減弱すれば，釣鐘の形はなだらかになり平坦化する。一方，元刺激には無条件刺激を同時提示し，

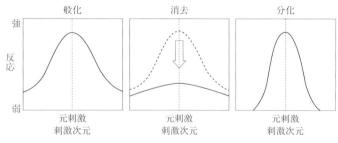

般化　　　　　消去　　　　　分化

図７‑４　般化曲線の模式図

出所：筆者作成。

類似刺激には無条件刺激を提示しないという手続きを繰り返すと，類似する刺激への刺激般化が低下し**分化**が生じる。

　古典的条件づけが成立した後に，条件刺激に新奇な刺激を組み合わせると，条件反応が低下する。あまりありそうな例ではないが，梅干しを目にした時にサイレンを聞けば唾液反応が減るという現象である。これは，**外制止**と呼ばれ，新奇な刺激に対する反応が条件反応を制止する現象と考えられている。一方，消去してしまった条件刺激を新奇な刺激と組み合わせて提示すると，条件反応が復活する現象がみられ，これは，消去手続きで生じた制止過程が新規刺激によって妨害された現象と考えられ，**脱制止**と呼ばれる。この脱制止は，消去後の時間経過による自発的回復と類似した現象である。

　また，条件反応を効果的に消失させる手続きとして，条件反応と拮抗する反応を新たに学習させる条件づけを導入することが考えられる。たとえば，音と電気ショックを対提示して，音に対して不安反応を示すようになった後で，音と餌を対提示すれば不安反応は速やかに消失する。これを**拮抗条件づけ**と呼び，先に紹介した学習された乗り物恐怖症などの**恐怖症**の治療にも応用される。

　古典的条件介手続きは，条件刺激と無条件刺激を組合せて対提示することであり，初期には普通に想像されるように同時に刺激提示していたが（**同時条件づけ**），条件刺激を先行して提示する**延滞条件づけ**手続きでも古典的条件づけが成立することが示されている。そして，先行する時間を延長した刺激手続きでもそれなりの学習が生じ，この条件を極端にした**痕跡条件づけ**手続きでも学

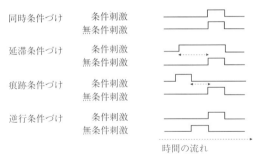

図7-5　古典的条件手続き
出所：筆者作成。

習が成立することも示されている。一方，その逆の**逆行条件づけ**では学習は困難である（図7-5）。このように古典的条件づけの条件刺激―無条件刺激の時間関係の結果から，条件刺激は次に来る無条件刺激の信号として機能しているという可能性が考えられる。

　このことは，ケーミン（L. J. Kamin）によって行われた，2種類が複合した条件刺激を使った古典的条件づけの研究によってより明確に示される。その研究では，まず音と光の複合刺激と電気ショックを対提示することで，音でも光でも条件反応が示されることが確認され，次に，その条件づけに先行して，音あるいは光の単独刺激と電気ショックが対提示される手続きを行って，それが後続の複合刺激の古典的条件づけに与える影響を調べたのである。対提示されることで条件刺激が無条件刺激と同じような性質をもつようになるということであれば，先行して対提示されていない刺激でも，それなりの条件反応を示すはずである。しかし，結果は，後続の複合刺激の対提示の後では，あたかも余計な情報であるかのように，後続で付け加えられた刺激は条件反応をほとんど示さなかったのである。

　この現象は，条件刺激の機能が無条件刺激を予告するものであると考えると理解できる。後から加えられた条件刺激には情報的価値はないからである。この理論的な枠組みを展開したのが，**レスコーラ**（R. A. Rescorla）と**ワーグナー**（A. R. Wagner）によって提唱された，条件刺激による無条件刺激の情報的価値に基づく**随伴性空間**のモデルである。これは，条件刺激ありの時の無条件刺激

の確率を縦軸として，条件刺激なしの時の無条件刺激の確率を横軸にとって，その組み合せがどのような情報をもつかを整理しており，このモデルから新たな研究も発展している。

　古典的条件づけの応用に目を向ければ，初期に行われた**ワトソン**（J. B. Watson）と**レイナ**（R. Rayner）による**恐怖の古典的条件づけ**は非常に有名である。これは，アルバートと呼ばれる乳児を対象として，白ネズミと鉄棒を叩いた大きな音を対提示して，白ネズミ恐怖が学習されることを確かめた。その後，アルバートは，ウサギ，イヌ，毛のついたお面などにも恐怖を示すようになったのである。現在から考えると倫理的に問題がありそうだが，歴史的には，この研究から**恐怖症治療**のアプローチが始まったといえ，ワトソンの提唱した**行動主義**はそれを先導した。

　また，古典的条件づけの手続きによる**味覚嫌悪学習**は応用領域としても，また，新しい学習の側面でも注目される。**ガルシア**（J. Garcia）は，放射線照射を受けて体調不良になったネズミが，そこで飲めるようにしていたプラスチック味の水を避ける傾向にあることに気づき，より統制した実験を重ねて，特定の味を避けるという味覚嫌悪学習が極めて急速に生じ，また，味覚刺激に特異的に結びつくことを示した。日常生活でも食物忌避の中には，たとえば食あたりの経験から牡蠣が食べられないという学習によるものがあるが，この知見は，古典的条件づけに**生物学的制約**があるという考えにつながっている。

4　道具的条件づけ

　経験を通じて，環境に働きかける行動に変化が生じる学習は，何かの役に立つ結果をもたらすことから，道具的条件づけと呼ばれる。条件づけと呼ばれるのは，ここでも環境刺激の提示があり，それに対して道具的行動が起こされるので，古典的条件づけと類似したプロセスだと考えられているからである。そして，この道具的条件づけの研究者の立場から，以前からあった条件づけとして，パブロフの研究が古典的条件づけと呼ばれるようになったのである。

　道具的条件づけ（道具的学習）の研究のはじまりとしては，**ソーンダイク**（E.

L. Thorndike）による，ネコを用いた**問題箱**（puzzle box）からの脱出行動の研究が有名である。そこでは，箱の外に魚を置いて，閉じ込められたネコがしかけを解いて外に出るまでの時間を測定している。図7-6に示されているように，その時間は最終的にはかなり短くなっていくが，そのプロセスを見ると，毎回前よりも短くなっているわけではなく，せっかく短い時間で脱出できたのに次の回にはまた長くなることがある。

　彼は，このプロセスから**試行錯誤**（trial and error）学習と特徴づけた。そこでは，古典的条件づけにおける**刺激—刺激**（SS）のつながりではなく，**刺激—反応**（SR）のつながりが学習され，そのためには反応が望ましい結果をもたらすという効果をもつことが重要であると考え，**効果の法則**を提案した。

　この研究は，アメリカを中心に大きく発展し，著名な研究者によって行動主義の中心となった**学習理論**が展開された。準備プロセスとしての**動機づけ**（モチベーション）が学習に果たす役割，学習の中核となるつながりとして連合はソーンダイクのいうように刺激—反応なのか，また，その連合を形成する出来事としての**強化**（reinforcement）の重要性などが論争され整理されていった。

　この中で，現在も影響力をもっているのが**徹底的行動主義**を主張した**スキナー**（B. F. Skinner）である。彼は，それまでの学習理論が演繹的に精緻なモデルを構築して研究を展開したのに対して，心理学の研究はまだ内的なプロセスを仮設するための十分なデータをもっていないと考えた。そこで，環境条件の変化に応じて行動の変化がどのように生じるのかを徹底して記述することを中心とするべきだという**実験的行動分析**を提唱したのである。

　スキナーは，道具的条件づけを，その反応の自発性を重視して**オペラント条件づけ**（オペラント学習）と呼んだ。この名称と対になる古典的条件づけの名称が先に紹介したレスポンデント条件づけである。スキナーは，このような研究を実現するために，刺激提示や反応測定が自動的に実施し記録できる実験装置を開発した。これは現在**スキナー箱**と呼ばれている（図7-7右がハト用，左がネズミ用スキナー箱）。ネズミ用の装置では，刺激提示のためのランプやスピーカー，反応することができるレバー，そして小さな餌粒を一粒ずつ与えることができる自動給餌装置や電気ショックを与えることができる床配線がある。

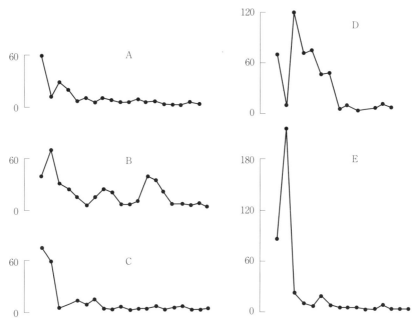

図7-6　試行の進行に伴う5匹のネコ（A, B, C, D, E）の問題箱からの脱出時間の変化
注：グラフの縦軸は脱出時間（秒），横軸は試行の回数。
出所：ボゥルズ, R. C.／今田寛訳（1982）『学習の心理学』培風館をもとに筆者作成。

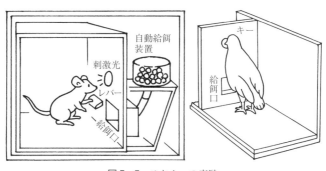

図7-7　スキナーの実験
出所：筆者作成。

　さて，レバー押し反応によって餌が自動的に一粒出るように設定したスキ
ナー箱に空腹状態にしたネズミを入れてみる。新しい環境に入れられたネズミ

表7-1 強化子の提示と消失の効果

	提示	消失
正の強化子 （好子）	行動の増加⇧	行動の減少⇩
負の強化子 （嫌子）	行動の減少⇩	行動の増加⇧

出所：筆者作成。

はあちこちに動き回ったり臭いをかいだりする**探索行動**を繰り返すが，そのうちに突き出しているレバーに身体が触れると，給餌装置が音を立てて動き，餌が出てくる。餌を得ると餌の出口付近で探索し始め，比較的近いところにあるレバーを偶然押す。それで餌を得ることによりレバーあたりを探索することが多くなり，次第に，コンスタントにレバーを押す行動が成立してくる。

このように多くの行動レパートリの中からその環境に最適な行動が形成されていくプロセスは**反応形成**と呼ばれ，実験では，それを促進するための**シェイピング（逐次的接近法）**をすることもある。サーカスの動物が調教師に餌をもらって芸をするプロセスと同じようなことが，この装置では自動的にも生じると考えるとよい。ここでは，餌を**強化子**（reinforcer）と呼び，餌が与えられることを**強化**（reinforcement）と呼ぶことができる。わたしたちが，たとえば掃除をしているところを褒められることで，さらにきれいに掃除をするようになるのも同じプロセスとして理解できる。

この強化には，2種類あることが知られている。先のスキナー箱の説明でも給餌装置の他に床から電気ショックが与えられるようになっていることを説明した。餌のように与えられることで行動の頻度を高める強化子もあれば，電気ショックのように与えられることで行動の頻度を低下させる強化子もある。褒められることと叱られることも同じような組み合わせであるが，**賞と罰**ということができるだろう。賞にあたる強化をもたらすものを**正の強化子（好子）**，罰にあたる強化をもたらすものを**負の強化子（嫌子）**と呼ぶこともある（表7-1）。

一般に強化は行動に伴って提示される。したがって，正の強化子が**提示**されれば，行動の増加がもたらされ，負の強化子が提示されれば，行動の減少が生

図 7-8　三項随伴性（ABC 分析）
出所：筆者作成。

じる。一方，行動に伴って強化が消失するという場面も起きないわけではない。いつも褒めてくれるのに，ある行動をすると褒めてくれない，といった正の強化子の消失もありそうだし，逆に，いつも怒られていたのに怒られないという負の強化子の消失もあるかもしれない。強化子の消失の場合には，行動に対する影響は逆になり，正の強化子の消失は行動を減少させ，負の強化子の消失は行動を増加させる。

　スキナー箱のネズミの示す行動にもう一度戻って，この条件づけの枠組みを考えてみよう。そこで示される行動は，スキナー箱という環境刺激のもとで，様々な行動を自発した結果として強化子が提示された。これを刺激と行動だけから整理すると，①先行刺激，②行動，③結果の刺激（一般には強化子）となる。これらがつながりをもつことを随伴すると表現するので，これらを三項随伴性（図7-8）と呼ぶ。これがオペラント行動の基本的枠組みである。

　この時に，結果として提示される刺激が強化子なら，この随伴性によって行動が増加する。その時には，突き出したレバー刺激が押すという行動のきっかけになり，先行刺激はそこでの行動が強化子をもたらすということを示す弁別刺激となる。ここに，追加した先行刺激として，ランプがついていればレバー押しで強化があるが，ランプなしでは強化がないといった条件を追加すれば，ランプ点灯の時に選択的にレバーを押すようになり，ランプが弁別刺激となる。

　弁別刺激は，その状況で，どのような行動を生起するかの頻度に大きく影響を与え，学習が進めば，弁別刺激の提示によって特定の行動が引き起こされるようになる。そこでは，刺激が行動をコントロールしている状態となり，刺激性統制（stimulus control）と呼ばれる。このためには，刺激がはっきりしてい

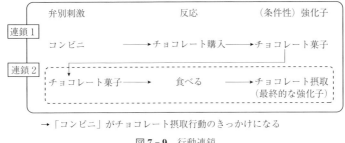

→「コンビニ」がチョコレート摂取行動のきっかけになる

図7-9　行動連鎖

出所：筆者作成。

る顕在性も重要であり，たとえばお気に入りのチョコレートなどを購入する行動ではこれが生じている。

　オペラント条件づけは，この三項随伴性がつながった行動連鎖として学習されていく。たとえば，図7-9で示したように，コンビニでチョコレートを見かけて，購入し，チョコレート菓子を手に入れ，そのチョコレート菓子を開けて，チョコレートを摂取するというつながりである。この場合，本当の強化は，チョコレート摂取なので，その前の連鎖の強化子であるチョコレート菓子は，**二次的な強化子**として機能している。

　オペラント条件づけの研究である実験的行動分析の発展したものが**応用行動分析**であり，特に自閉スペクトラム症の指導にあたって，外部環境をオペラント条件づけの観点から系統的に操作することで，適切な行動を獲得することを支援する介入法として用いられている。そこでは，ここで紹介してきた，オペラント条件づけの様々な法則や原理を活用している。図7-10は，奇声をあげるという行動への介入例であるが，このように注目されるという結果を修正し，奇声をあげないという行動へと修正することがめざされるのである。

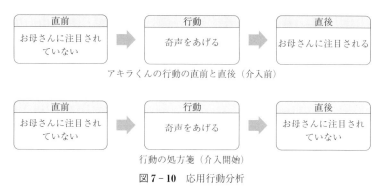

図7-10　応用行動分析

出所：筆者作成。

参考文献

今田寛（1996）『学習の心理学』培風館。

実森正子・中島定彦（2019）『学習の心理（第2版）』サイエンス社。

ボゥルズ，R. C./今田寛訳（1982）『学習の心理学』培風館。

メイザー，J. E./磯博行・阪上貴之・河合伸幸訳（2008）『メイザーの学習と行動』二瓶社。

学習課題

① 新しい刺激に対して馴化によって起きた変化の例を考えてみよう。

② 古典的条件づけによって，自分や身近な人たちが生じている反応の例を考えてみよう。

③ 自分の変えたい習慣をオペラント条件づけの原理からどのように理解し変えればよいか考えてみよう。

コラム2　市役所の仕事と心理学

　わたしは大学卒業後，福祉と無関係の一般企業に就職しました。そこから医療機関で
ソーシャルワーカーとして勤務した後，現在は市役所職員です。

　入庁後は高齢者虐待対応や成年後見制度利用を中心とした権利擁護支援業務を担当し
た後，現在は地域福祉計画の策定に関することや，社会福祉協議会などへの委託事業や
補助事業を担当しています。

　福祉の仕事についてからの仕事内容は，直接的な対人援助と政策立案に分かれます。

　対人援助では，対象者やその家族と直接やりとりし，生活の質の改善や向上を目指し
ます。自分のもつ知識や技術を総動員して支援する中で，対象者や対象者を取り巻く環
境に変化が見られ，生活の質の改善や向上を対象者自身が感じることができるように
なっている場面を目の当たりにできた時は非常にやりがいを感じます。一方で，業務の
性質上，対象者の思いと本当に必要な支援は必ずしも一致しないため，罵声を浴びたり，
対象者にとって厳しい決断をしてもらわなければならないこともあります。理解はして
いても気持ちの良いものではありません。

　政策立案では，市の施策について，その位置づけや方向性を決定するための協議を行
います。ここでは支援を必要とする人たちの変化を直接感じることはほぼありませんし，
関係部署が多岐にわたるため，意見の集約や調整も大変です。しかし，うまくいくと施
策の相乗効果が期待できます。対人援助は自分が支援できる対象者に限りがありますが，
施策は非常に多くの人に影響するので，自分の手が届かなかった範囲まで支援が届くよ
うになります。そのように考えると，自分の仕事の重要性を認識することができます。

　わたしが心理学から学んだことは，同じ事象でも感じ方や表現は人それぞれというこ
とです。事象がどのように認知され，どのように表出されるかは，その人が置かれた環
境や経験などに影響され，違っていて当然です。しかし，それが理解できている人は意
外と少なく，そのことに悩む人やうまくいかずに憤慨する人も少なからず存在します。
仕事に人間関係は付き物です。「他者と違う」ことが認識できていれば，それが理由で
悩むことは少なくなります。そして，他者の特性が理解できると，それぞれに合った対
応ができるので，仕事をスムーズに進めることができます。また，このことは自分自身
に応用することができます。自分の特性が理解できていると，考え方やその考えに至っ
た理由が整理できます。それは自分を客観視することにつながり，冷静な対応を可能に
します。これはまさに心理学から得たわたしの財産です。

第8章

覚え方と考え方

1　記憶・注意

　人の名前を覚える，大事なことを覚えておく，過去の思い出を頭に思い浮かべるなど，わたしたちは一日中記憶を使っている。このような記憶の働きを分類すると，覚えることは記銘（または符号化），記憶に残しておくことは保持（または貯蔵），思い出すことは想起（または検索）となる（図8‐1）。

（1）保持の長さによる記憶の分類

　記憶にはすぐに忘れてしまうものと，ずっと長く覚えているものがある（図8‐2）。わたしたちが経験したことは，まず**感覚記憶**として見たまま，聞いたまま，感じたままにごくわずかな時間だけ記憶される。視覚の感覚記憶（アイコニックメモリー）なら約500ミリ秒，聴覚の感覚記憶（エコイックメモリー）なら約1秒しかもたないといわれている。感覚記憶のうち注意を向けられ意識されたものだけが**短期記憶**となる。たとえば先生が話したことを書き写そうとして，はじめの方を書いている間に後の方を忘れてしまう，というように短い時間しか残らない。通常，13～15秒しかもたないといわれている。そして短期記憶のうち何度も**リハーサル**（頭の中で繰り返し唱えること）を受けたものだけが**長期記憶**となる。長期記憶は思い出そうとすればいつでも思い出せるような，いつまでも長く残っている記憶である。

　図8‐2は短期記憶がリハーサルによって長期記憶に転送されるという考え

図 8 - 1　記銘，保持，想起の例

出所：森敏昭ほか（1995）『グラフィック認知心理学』サイエンス社を参考に筆者
作成。

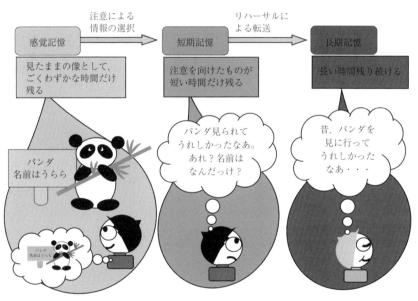

図 8 - 2　感覚記憶，短期記憶，長期記憶の例

出所：中島義明ほか編（1999）『心理学辞典』有斐閣を参考に筆者作成。

方（二重貯蔵モデル）に基づいている。リハーサルだけでなくその記憶対象に対する処理の深さが決め手になるという考え方もある（処理水準説）。処理の深さは，知覚，音韻的分析，意味的分析の順に深くなるとされる。たとえば，ある

単語を覚えようとする時にその字面だけを見る場合が知覚処理，声に出して読み上げるのが音韻的処理，連想される言葉や類義語を考え出すのが意味的処理となる。処理が深いほど記憶に残りやすいので，連想や類義語を産出した場合に最も思い出しやすくなるといえる。長期記憶への残りやすさを決めるのは短期記憶内でのリハーサルだけではないことの証拠といえる事例もある。[4] たとえば，バイクの事故によって左頭頂後頭部に損傷が生じてしまった K. F. という人は　短期記憶障害であったにもかかわらず新しい情報を学習でき，数か月後も覚えておくことができたといわれている。また，会話，読書，計算，推理などを行う時には，短期記憶内の情報を保持しながらも操作していると考えられ，そのような機能として**ワーキングメモリ**（作業記憶）も考えられている。ワーキングメモリは心の中のメモ帳の役割をもつともいわれ，目標に向かって情報を処理しつつ一時的に必要な情報を保持する働きをもつ。[5] この機能は加齢に伴って低下し，課題が複雑になるにつれてさらに著しい低下がみられる。[6]

（2）内容による記憶の分類

　昨日の晩ご飯に何を食べたか思い出してみよう。その記憶のように，誰かに言葉で説明できて時と場所がはっきりしているような記憶を**エピソード記憶**という。記憶の中身を分類すると，言葉にできる記憶である宣言的記憶（陳述記憶）と言葉にならない非宣言的記憶（非陳述記憶）に分けられる。前者の宣言的記憶には，個人が経験した出来事の記憶であるエピソード記憶と，概念や知識の記憶である**意味記憶**がある。非宣言的記憶は，運動技能などの**手続き的記憶**が含まれる（図8-3）。

　高齢になっても意味記憶は失われにくい。[7][8] エピソード記憶のように時と場所が特定されている思い出の記憶よりも，普遍的に使える意味の記憶は年を取っても残りやすいと考えられる。それでは年を取った時にはどんな思い出が残っているのだろうか。エピソード記憶のうち自分が経験した過去の出来事の記憶を**自伝的記憶**と呼ぶ。自伝的記憶についてはレミニッセンスバンプが知られている。[9] 手がかり語をもとに記憶を思い出してもらうと，10〜30歳の自伝的記憶が多く思い出されるというものである。いわゆる「若かりし頃」の記憶が最も

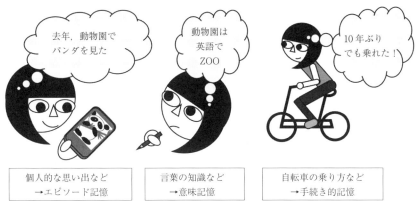

図8-3　エピソード記憶，意味記憶，手続き的記憶の例

出所：中島義明ほか編（1999）『心理学辞典』有斐閣を参考に筆者作成。

よく思い出されやすいといえる。進学，就職，結婚など人生における最も重要な出来事や変化の多い時期の記憶が残りやすい。また，すでに経験したことの記憶ではなく，これから行う事柄の記憶を**展望記憶**という。たとえば，今日は学校の帰りに郵便ポストに手紙を投函することを覚えておく，というような将来の記憶のことである。展望記憶全般における加齢の影響などはまだ明確ではないが，たとえば薬の飲み忘れについて，「午後8時になったら薬を飲む」という表現よりも，「夕食後に薬を飲む」という表現の方が忘れにくいといわれている。

（3）注意の働き

わたしたちは，視界に入るすべてのものや，そこら中で鳴っているすべての物音を記憶することはできない。あまりにも情報が多すぎるためである。通常は，膨大な情報の中から注意を向けた対象，つまり，他のことから切り離して意識したものだけが記憶に残る。このことから注意には情報の選択という側面があるといえる。また注意には一定の容量の限界があると考えられている。わたしたちは生活の中でも音楽を聴きながら勉強をしたり，テレビを見ながらご飯を食べたり，一度に2つ以上のことに注意を向けている。しかし，注意を向

ける対象が多くなればなるほど一つのことに向けられる注意の量は減るし，複雑な事柄に注意を向ける時には他の物事に注意を向けられない。したがって，注意は容量に限界のある資源としてとらえることができる。

　注意の種類には，他の事柄から大事な情報を区別して意識する**選択的注意**や，複数の事柄に注意を分け与える**注意の分配**などが知られている。⁽¹³⁾⁽¹⁴⁾がやがやしている大教室の中にいても自分の名前を呼ばれると気がつく。その場に存在するすべての音声や物音が耳に入ってきているはずだが，その中から，自分の名前だけを他の音から切り離して意識し，聞き取ることができる。このことを**カクテルパーティー効果**と呼び，選択的注意の働きといえる。選択的注意が損なわれると，大勢の人がいる中で自分に話しかけている人の声を聞き分けることができなかったり，集合写真の中から特定の人物を見分けることができなかったりする。また，注意の分配ができないと，料理をしながらテレビを見てドラマの内容を理解したり，運転しながら同乗者と会話したりなどのことが困難になる。

2　思　　考

　思考は，生得的反応による反射や習得的反応等では対処できない認知活動であるといわれ，⁽¹⁵⁾外的対象や経験などの心内代表物（表象）を操作する精神活動である。⁽¹⁶⁾表象を操作するということを実感する代表的な例は問題解決場面であると思われる。目標あるいは解決に向かう思考を**収束的思考**，与えられた情報から様々な可能性を考慮して新しい解答を生み出していくことを**拡散的思考**と呼ぶ。⁽¹⁷⁾わたしたちの日々の活動はいずれもこのような問題解決の連続であるともいえる。たとえば，勉強や課題の遂行だけでなく，帰り道に急に雨が降り出してきた時に傘を持っていなかったらどうするか考える，ということも問題解決にあたる。カバンの中に傘の代わりになるものが入っていないか，心の中でカバンの中身を思い浮かべて判断する，という思考過程の中にはカバンの中身についての心的イメージやその操作が必要である。

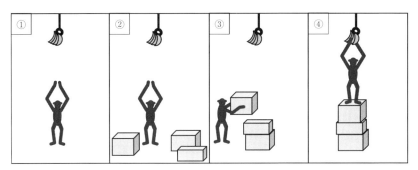

図8-4 ケーラーのチンパンジーの観察

出所：ケーラー，W.／宮孝一訳（1962）『類人猿の知恵試験』岩波書店より筆者作成。

（1）問題解決をもたらすもの

何が問題の解決をもたらすのかについては，ソーンダイク（E. L. Thorndike）の問題箱や（第7章参照），ケーラー（W. Köhler）のチンパンジーの観察（図8-4）などが知られている。天井からバナナが釣り下がっているが，手が届かないほど高い（図8-4①）。壁や柱などをよじ登っても届かない。周りには木箱が乱雑に置いてある（図8-4②）。ケーラーの観察によれば，チンパンジーは箱を持ってきて積み重ね（図8-4③），その上に乗ることでバナナをうまく手に入れた（図8-4④）。その際，彼らは試行錯誤というよりも突然の気づきによって問題を解決していた。この観察からケーラーは，問題解決には目標に向かって状況を見通すこと，そして，「手が届かない，自分が高くなれば取れる」という洞察によって，**知覚の再体制化**（「ただの箱」から「踏み台，あるいは自分の背丈を延長するもの」への変化）が生じ，問題状況を正しくとらえ直すことが必要だと考えた。[18]

問題状態と解決状態の間の認知過程を説明する試みも行われている。たとえば，オセロや将棋などの対戦の際，次の手をどうするかは，あらゆる可能性を一つひとつ全部シミュレーションしていけば最も良い手が必ず見つかるはずである。このようにある手順に従って解いていけば必ず答えにたどりつくことができるような方法を**アルゴリズム**という。実際のゲームではコンピュータを使うのでもなければ自分の手番に全部の手をシミュレーションするほどの長い時

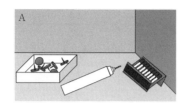

図 8 - 5　ドゥンカーの問題，機能的固着

出所：Duncker, K. /Lees, L. S. (Translated) (1945) "On problem-solving." *Psychological Monographs,* 58 (5), pp. i-113 より筆者作成。

間はかけられないので，ある程度は直感的なひらめきで手を打つと思われる。必ず解決できるという保証はないが直感的に解決することを**ヒューリスティック**と呼ぶ。[19]

（2）問題解決の妨げとなるもの

　問題解決を妨げる要因も存在する。無意識のうちに，問題に自分で制約をつけていたり，常識にとらわれすぎて課題状況の見通しが正しくできない場合などがある。図8-5に示しているドゥンカー（K. Duncker）のロウソク問題を試してみよう。まず図8-5のAの方だけを見てほしい。実験に参加した人には，Aに描かれている物品（マッチ，画びょう，ロウソク）が提示される。壁に固定したロウソクに火をつけることが課題だが，ロウが溶け出してテーブルに垂れないようにしなければならないという条件も告げられる。Aに載っている物品はどれを使っても良い。なお，ロウソクを直接画びょうで壁に留めたり，ロウを溶かして壁になすりつけ，そこにロウソクを貼りつけたりというやり方は，実際にやってみるとうまくいかない。したがってこれらは不正解である。

　答えの一つは，Bに示しているように，画びょうの入っている箱を画びょうで壁に固定し，その中にロウソクを立てる，というものである。箱を画びょうの入れ物としてだけの用途に固着したままだと，この回答は思いつかない。この問題の解決は，物品の本来の用途とは異なる使い方を思いつくかどうかにかかっているが，本来の用途だけに固着してしまうと解決が難しい。このことを**機能的固着**という。

3　認知バイアス

　買う気などなかったのに，「期間限定」の商品を見かけて，つい買ってしまったということはないだろうか。わたしたちは限定品や希少品を衝動買いしてしまう傾向がある。たとえばパーティ会場などでクッキーを勧められたと考えてみてほしい。クッキーの皿は２種類あって，一つの皿には10枚のクッキーがあり，もう一方の皿には２枚のクッキーしか残っていない。どちらの皿のクッキーを選ぶだろうか。満足度を比較すると，10枚ある中の１枚を食べた場合と，２枚しかない中の１枚を食べた場合とでは，同じ１枚のクッキーを食べたのにもかかわらず，残り少ない皿から食べる方が満足度は高いといわれている[20]。

（1）他者との関わりにおける歪み

　上の例の通りわたしたちの行動選択や意思決定はいつでも論理的に正しいわけではなく，様々な歪みや偏りのようなものがある。その歪みの結果，**ステレオタイプ**や**内集団ひいき**（第10章参照）によって他者を評価してしまうこともある。たとえば**ハロー効果**は，その人物のもつ一つの印象的な特徴のみにより全体の評定が左右されやすくなることで，愛想の良いことだけに注目し社会的スキル全般が優れているかのようにとらえてしまう場合などを指す[21]。**平均以上効果**は，他者と比較して自分は平均よりも上であると考えるというもので，運動能力や倫理性，健康面などでみられるといわれている[22]。**セルフサービングバイアス**は，成功や失敗の原因を何に置くか（原因帰属）を考える時，自己にとって好ましい意味をもつように説明，解釈する傾向を指す[23]。たとえば，成功した場合は自分の努力のおかげだと考えるのに，失敗した場合は他の人や状況のせいにする場合などが当てはまる。

　次に，表8−1のリンダ問題をみてみよう。この質問をしたところ，85％の人がｂと答えた。しかし，確率から考えると２つの事象が同時に生じる確率は，一つの事象が生じる確率よりも低いはずである。フェミニスト運動に積極的で

表 8 - 1　リンダ問題

次の文を読んでください。

リンダは31歳の独身で，はっきりものの言える非常に賢い女性である。彼女は学生時代に哲学を専攻していた。当時，彼女は差別や社会的公正の問題に関心があり，反核デモにも参加していた。

現在のリンダの状況について，下のａ，ｂのうち確率が大きいのはどちらか，○をつけてください。
　　ａ．リンダは現在銀行の窓口係をしている。
　　ｂ．リンダは現在銀行の窓口係をしていて，フェミニスト運動に積極的である。

出所：筆者作成。

あるという，リンダの過去の説明に最も類似している情報の方に引きずられて，ｂと判断してしまいがちだといわれている。このように，典型例との類似性により直感的に判断してしまう傾向を**代表性ヒューリスティック**と呼ぶ。

（2）状況判断における歪み

　理屈でよく考えれば正しくないはずだが，無意識に誤った考えに陥ってしまうこともある。たとえば，飛行機事故と自動車事故のどちらが心配か考えた時，実際に年間の事故件数でみると飛行機事故の方が圧倒的に少ないはずだが，飛行機に乗る方が怖いという人は少なくない。事故に遭う確率で考えると飛行機事故に遭うことの方が少ないのだが，人々に与える衝撃は飛行機事故の方が大きく，そのような事故の規模がリスクの認知に影響するといわれている。また，**楽観性バイアス**は自分に都合の良いように物事を解釈してしまうことをいう。たとえば，リスク状況下であるにもかかわらずリスク回避行動をとらない場合などは，「自分は大丈夫」などという楽観性バイアスが関係しているかもしれない。リスク情報が明確な場合はバイアスの入り込む余地がないとも考えられている。このようなわたしたちの考え方の傾向を知ることは，より良い意思決定や行動選択につながると考えられる。意思決定支援においても，認知バイアスに関する知見が実証的な示唆となることを期待したい。

注
⑴　森敏昭ほか（1995）『グラフィック認知心理学』サイエンス社。
⑵　中島義明ほか編（1999）『心理学辞典』有斐閣。
⑶　⑵と同じ。
⑷　アロウェイ，T. P.・アロウェイ，R. G.／湯澤正通監訳（2015）『ワーキングメモリと日常——人生を切り拓く新しい知性』北大路書房。
⑸　苧阪満里子（2002）『脳のメモ帳ワーキングメモリ』新曜社。
⑹　パーク，D. C.・シュワルツ，N.／口ノ町康夫・坂田陽子・川口潤監訳（2004）『認知のエイジング　入門編』北大路書房。
⑺　⑹と同じ。
⑻　太田信夫・多鹿秀継編著（2008）『記憶の生涯発達心理学』北大路書房。
⑼　⑹と同じ。
⑽　権藤恭之編（2008）『高齢者心理学』朝倉書店。
⑾　大山正ほか編（2007）『新編感覚・知覚心理学ハンドブック　Part2』誠信書房。
⑿　中島義明（2006）『情報処理心理学——情報と人間の関わりの認知心理学』サイエンス社。
⒀　下山晴彦ほか編（2014）『誠信心理学辞典　新版』誠信書房。
⒁　ベネット，A. ほか／西本武彦訳（1984）『認知心理学への招待』サイエンス社。
⒂　⑵と同じ。
⒃　丸山欣哉編（1996）『基礎心理学通論』福村出版。
⒄　藤永保監修（2013）『最新心理学事典』平凡社。
⒅　ケーラー，W.／宮孝一訳（1962）『類人猿の知恵試験』岩波書店。
⒆　服部雅史ほか（2015）『基礎から学ぶ認知心理学——人間の認識の不思議』有斐閣。
⒇　Worchel, S., Lee, J. & Adewole, A. (1975) "Effects of supply and demand on ratings of object value," *Journal of Personality and Social Psychology*, 32 (5), pp. 906-914.
(21)　⒀と同じ。
(22)　Dunning, D., Meyerowitz, J. A. & Holzberg, A. D. (1989) "Ambiguity and Self-Evaluation : The Role of Idiosyncratic Trait Definitions in Self-Serving Assessments of Ability," *Journal of Personality and Social Psychology*, 57 (6), pp. 1082-1090.
(23)　山本眞理子ほか編（2001）『社会的認知ハンドブック』北大路書房。
(24)　Tversky, A. & Kahneman, D. (1983) "Extensional versus intuitive reasoning: The conjunction fallacy in probability judgment," *Psychological Review*, 90 (4), pp. 293-315.

⒅ カーネマン，D.／村井章子訳（2012）『ファスト＆スロー——あなたの意思はどのように決まるか？（上・下）』早川書房。

⒆ 二宮由樹・藤木大介（2018）「連言錯誤課題の理解過程と代表性ヒューリスティックを用いた判断との関係」『認知科学』25（4），421〜434頁。

⒇ Tversky, A. & Kahneman, D. (1973) "Availability : A heuristic for judging frequency and probability," *Cognitive Psychology*, 5 (2), pp. 207-232.

(28) 杉森伸吉・渡辺聡（1994）「事故の規模がリスク認知に及ぼすリスク過大評価効果」『心理学研究』65（4），261〜269頁。

(29) シャーロット，T.／斉藤隆央（2013）『脳は楽観的に考える』柏書房。

(30) 及川晴・及川昌典（2010）「危機的状況での認知，感情，行動の変化——新型インフルエンザへの対応」『心理学研究』81（4），420〜425頁。

学習課題

① 身近な年上の人に過去の思い出を教えてもらい，何歳頃のことか聞いてみよう。できれば年長者の方にお願いできたらよい。そして自伝的記憶の特徴について振り返ってみよう。

② 認知バイアスのところで紹介したもの以外に，わたしたちにはどんな考えの偏りがあるといわれているのか調べてみよう。そして，それについて自分が経験した身近な例を考えてみよう。

第 ⑨ 章

わたしとあなた

1　知　能

　わたしたちは，「あの人は頭がいいですね」だとか「知能が高そうですね」といった会話を交わしたり，あるいは「わたしは計算が得意だけど，それに比べてあの人は語彙がとても豊富だ」といった会話を耳にすることがある。前者は，個人の全般的な知的レベルについての会話であり，IQ（intelligence quotient：知能指数）という言葉が使われることもある。そして IQ は**知能検査**で測ることが可能である。それに対して後者は全般的な知能についてではないが，知能に含まれると考えられる認知機能に関する会話であり，知能がどのような要素で構成されているのかということと関連している。

（1）知能検査

　まず知能検査について，世界で最初の知能検査はビネー（A. Binet）とシモン（T. Simon）によって1905年にフランスで開発された。その目的は，義務教育が普及していく中で通常の教育についていくのが難しい児童を見極めて知的発達レベルに応じた教育につなげることであった。ビネーらの検査課題は年齢別に並べられており，1908年の改訂時には知能の発達レベルが**精神年齢**（Mental Age：MA）という指標で表されることになった。次いでターマン（L. Terman）らがビネー検査のアメリカ版であるスタンフォード・ビネー式知能検査を1916年に発表し，すでに1912年にドイツのシュテルン（W. Stern）が考

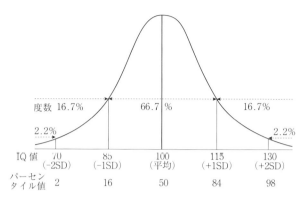

度数　16.7%　　　　66.7 %　　　　　16.7%

2.2%　　　　　　　　　　　　　　　　　　　　　　2.2%

IQ値　　70　　　　85　　　　100　　　　115　　　　130
　　　　（-2SD）（-1SD）（平均）（+1SD）（+2SD）
パーセン
タイル値　2　　　　16　　　　50　　　　84　　　　98

図 9 - 1　DIQ の正規分布模式図

出所：筆者作成。

案していた IQ による知能の数値化を採用した。この場合の IQ は，精神年齢を**生活年齢**（Chronological Age：CA）で割って100をかけることで算出され，比例 IQ や比率 IQ，比 IQ とも呼ばれる。**ビネー式知能検査**は，日本では田中ビネー知能検査第 5 版および改訂版鈴木ビネー知能検査の 2 種類が2021（令和 3 ）年現在用いられている。

　ビネー式検査が IQ で表される全般的な知能の発達レベルを測定しているのに対してウェクスラー（D. Wechsler）は，より多面的な認知機能に関する情報が把握できる検査が必要だと考え，複数の課題群（下位検査）で構成される**ウェクスラー式知能検査**を1939年に開発した。その後1949年に児童用の WISC が，1955年に成人用の WAIS が，1967年には就学前の子どもを対象とした WPPSI が発表された。日本版は WPPSI-Ⅲ，WISC-Ⅳ，WAIS-Ⅳが2021（令和 3 ）年現在用いられている。IQ には比率 IQ ではなく**偏差 IQ**（deviation IQ：DIQ）が採用された。DIQ は，同年齢集団において相対的にどのような位置にあるかが得点で表される。同年齢集団の得点は**正規分布曲線**（図 9 - 1 ）に近似させて分布され，ウェクスラー式検査では**平均 IQ** は100で，**標準偏差**には15が用いられ統計学的に差があるかどうかの判断基準の一つとして用いられる。理論上では IQ85〜115が正常域とみなされて同年齢の約66.7％を占める。70未満（約2.2％）は知的障害域，70〜85は境界域（ボーダーライン）知能，130以上

（約2.2%）は秀才とみなされる。田中ビネーⅤでも14歳以降では DIQ が用いられる。

　ウェクスラー式の知能検査では，全般的な IQ（全検査 IQ）だけではなく，**指標得点**と呼ばれる４つの下位**合成得点**についても**全検査 IQ** と同様の得点化ができる。合成得点とは，下位検査の中から指標ごとに定められた数の下位検査の**評価点**（平均10，標準偏差３）を合計して平均を100とする数値に換算される得点の総称である。指標得点は「言語理解」「知覚推理」「ワーキングメモリー」「処理速度」の４つがあり，指標得点間での**有意差**（ディスクレパンシー）の検討や，差の**標準出現率**から個人の能力の得意不得意（**ストレングス〔S〕と****ウィークネス〔W〕：個人内差**），同年齢集団の平均値との有意差（個人間差）等を検討することができる。なお，同年齢と比べてどのような位置にあるかは，DIQ だけではなく同年齢が100人いると想定した場合に下から何番目の位置にあるかを示す**パーセンタイル**によっても表すことができる。以上のようなプロフィール分析と呼ばれる検討を行うことで，個人の抱える困難さの理解やストレングスを支援に活かすことができる。

　ここまで述べてきた検査は個別知能検査と呼ばれるが，これらの他に，知能検査とは名づけられていないが**日本版 KABC-Ⅱ**（個別式心理教育アセスメントバッテリー第２版）や **DN／CAS 認知評価システム**，あるいはわが国で開発され，成人にも検査が可能な発達検査である**新版K式発達検査2020**が臨床場面で用いられている。さらにより簡便な検査としてグッドイナフ人物画知能検査（DAM）やレーヴン色彩マトリックス検査などがある。

　知能検査は個別検査だけではない。スタンフォード・ビネー検査発表の翌年にアメリカは第一次世界大戦に参戦することになり，兵士の採用や士官候補生の選別のための短時間で一斉に実施可能な**集団式知能検査**の開発が進んだ。主に口頭での出題に口頭で答える言語的課題（言語性検査）で構成される陸軍 α 式と，視覚的な刺激で示された課題に指差しや並べ替えといった動作で答える非言語的課題（動作性検査）で構成される β 式知能検査とが開発された。わが国でもこの α 式と β 式の分類に基づいてA式およびB式と名づけられた分類を用いた田中A-2式知能検査や TK 式3B 式知能検査などが作成され，それら

以外にも京大 NX 知能検査などの集団式知能検査がある。

（2）知能理論

　ところで知能検査は何度も改訂が行われるが，課題に用いられる刺激が古び
ていくことや検査ごとの平均 IQ 値が年々上昇していく**フリン効果**と呼ばれる
現象，知能理論の進歩に検査を合致させることで批判に対処していくことなど
がその理由として挙げられる。知能検査に対する批判の背景には，知能検査で
測ることのできる対象が知能のほんの一部でしかないことや，優生学に基づく
人間や命の選別につながるリスクを有していることなどがある。

　ここまでは知能検査について述べてきたが，次に知能の構成概念について述
べる。まず，1904年にイギリスでスピアマン（C. E. Spearman）が，知能にはあ
らゆる課題に共通して使われる**一般因子（g 因子）**と個別の課題に使われる特
殊因子の 2 因子があると提案した。その後，一般因子が一因子論に通じるので
はないかとの反論からソーンダイク（E. L. Thorndike）やサーストン（L.
Thurstone）が**多因子説**を唱えていたが，1943年にスピアマンの弟子のキャッ
テル（J. M. Cattell）が，知能は**流動性知能**（Gf）と**結晶性知能**（Gc）の 2 因子
から構成されるとする **Gf-Gc 理論**を提案した。さらにその弟子のホーン（J.
L. Horn）が1968年に，因子分析を用いてキャッテルの 2 因子に「数的能力」
「視覚的認知」「聴覚的認知」「記憶」「処理速度」を加えた 7 因子説を提起した。

　サーストンの弟子のキャロル（J. B. Carroll）は，ホーンの 7 因子を軸とする
新たな知能モデルを提案し，キャッテルとホーンに自身の名を加えて **CHC モ
デル**と名づけた。図 9 - 2 のような三層モデルで，第三層に一般知能（g）を，
第二層にホーンの 7 因子を置き「広域知能」と名づけた。第一層は約70の具体
的な認知能力で構成され，それらは「限定能力」と呼ばれる。当初は第二層は
7 因子であったが，2005年にキャロルが「反応速度」を，マクグリュー（K. S.
McGrew）が「長期貯蔵と検索」と「読み書き能力」を加えて，最終的に図 9 -
2 のような10因子のモデルとなった。

　ところでこれまでに述べてきた知能は，主に学齢期の学業で重要視されるよ
うな認知的課題との関連性が高いが，近年は知能をより広範囲にとらえる理論

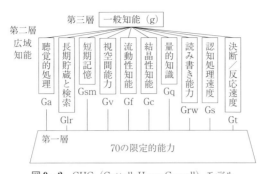

図 9-2　CHC（Cattell-Horn-Carroll）モデル

出所：日本版 WISC-Ⅳ作成委員会（2013）「日本版 WISC-Ⅳ
テクニカルレポート　# 8」日本文化科学社を参考に筆
者作成。

が提起されている。たとえばスタンバーグ（R. J. Sternberg）は1985年に「分析
的知能」「創造的知能」「実践的知能」で構成される知能の鼎立理論を，ガード
ナー（H. Gardner）は「言語的知能」「論理・数学的知能」「音楽的知能」「空間
的知能」「身体運動的知能」「対人的知能」「内省的知能」「博物学的知能」で構
成される**多重知能理論**を提起している。その他，感情をつかさどる知能の存在
とその重要性を唱えたサロヴェイ（P. Salovey）とメイヤー（J. Mayer）が1990
年に提案した「**感情知能**（Emotional Intelligence：EI）」や**非認知能力**の重要性
が近年注目されるようになっている。

2　パーソナリティ

　パーソナリティとはどのようなことを指すのだろうか。似たような言葉とし
て「性格」が日常的によく用いられており，生まれつきという意味合いの強い
「気質」という言葉もある。また，わが国ではパーソナリティ障害が人格障害
と訳されることもあり，日本パーソナリティ学会は2003年に名称変更されるま
では日本性格心理学会であったなど，これらの言葉の区別は難しい。
　これまでに様々な研究者がそれらの用語や概念の整理や定義づけを行ってい
るが，それらによればまず性格とは，人の行動や言動に現れる個人の特徴的な

パターンであり，個人差や個性として現れ，どちらかというと目に見えるものとしてとらえられているようだ。それに対してパーソナリティの方は，性格に加えて直接目に見えない内的な生物学的，生理学的，心理学的な仕組みを含む，より包括的な概念だと考えられる。気質は遺伝的影響や生得的な傾向が強く，乳幼児期からすでに個人差がみられるが，成長に伴い，気質に環境との相互作用が影響することでパーソナリティが形成されていくと考えられる。

　このような整理は，まず1920年代から1930年代にかけてアメリカの心理学者オールポート（G. W. Allport）によって行われ，パーソナリティ心理学という分野が誕生した。いずれにせよパーソナリティは個人差や個性をとらえる概念の一つであり，一定の一貫性があるものとしてとらえられるが，ミシェル（W. Mischel）が主張するように**状況要因**の影響を考慮することも重要である。

　パーソナリティ研究では，**類型論**や**特性論**研究，精神分析などの様々な心理学の立場による検討，あるいは近年は神経伝達物質や**遺伝**および**環境**との関連といった観点による研究が行われている。目的としては，パーソナリティの特定を精神疾患や社会的不適応の予測や予防，キャリア形成あるいは人生の質（Quality of Life）の向上に活かすことなどが挙げられる。

（1）類型論

　まずパーソナリティの類型論についてだが，たとえばわたしたちは「A型のあなたは几帳面な性格の持ち主で，大雑把な性格のO型のわたしとでは，性格がまったく反対だね」というような会話を耳にすることがある。血液型と性格の関連性は科学的に実証されていないが，あたかも血液型によって性格を類型化しようとする習慣である。パーソナリティの類型化については，古代ギリシャの時代から体格などの特徴による分類が行われてきた。類型論では，体格などどのような要因を根拠に類型化していけばよいのか，さらに何類型に分ければよいのかといったことが検討されてきた。古代ギリシャのテオプラストス（Theophrastus）が30項目の性格を分類した「エチコイ・カラクテス」がその萌芽とされるが，表9-1に主な類型論を示す。それぞれ，体型や価値志向，心理的態度や機能といった要因による分類が提起されている。

表 9-1　代表的なパーソナリティの類型論

発表時期	類型論	類型
古代ローマ	ガレノス（Galenos）の 4 類型論	ヒポクラテス（Hippocrates）の四体液説に基づく分類 「多血質」「胆汁質」「黒胆汁質」「粘液質」
1921年	クレッチマー（E. Kretschmer）の 3 類型論（体型—気質関連説）	体型と気質および精神疾患を関連づけた分類 「細長型」：分裂気質で統合失調症との関連 「肥満型」：循環気質で躁うつ病と関連 「闘士型」：粘着気質でてんかんと関連
	シュプランガー（E. Spranger）の 6 類型説	生活における価値志向の違いによる分類 「理論型」「経済型」「権力型」「審美型」「社会型」「宗教型」
	ユング（C. G. Jung）の 8 類型説	基本的な心理的態度を「外向型」と「内向型」との 2 類型に分け，それらと関連づけることのできる 4 つの心理機能 （「思考」「感情」「感覚」「直観」）との 2×4 の組み合わせによる 8 類型
1940年	シェルドン（W. H. Sheldon）の 3 類型説	クレッチマーの 3 類型論に対応 「内胚葉型」：内臓緊張型気質で肥満型に対応 「中胚葉型」：身体緊張型気質で闘士型に対応 「外胚葉型」：頭脳緊張型気質で細長型に対応

出所：筆者作成。

（2）特性論

　次に特性論であるが，パーソナリティを表す言葉や概念は多岐にわたる。特性論では，このような多くの言葉や概念を似たもの同士でまとめて 5 つとか15種類といったいくつかの特性グループに分類し，特性ごとの個人の傾向を検討することで，パーソナリティの理解を図ることを目的とした研究が行われてきた。特性論では，パーソナリティとは基本的にどのような特性で構成されているのか，それらはいくつだと考えるのが妥当なのかといったことが研究されている。加えてそれぞれの特性論に基づいて，個人の性格特性を把握するための**パーソナリティ検査**が作成されている。

　特性論を最初に提起したオールポートは，辞書の単語約40万語から性格特性を表すと考えられる4504語を抽出して特性語リストを作成した。そのうえで特

性を個別特性と共通特性の2つに分け，14個の共通特性のプロフィールを折れ線グラフで表すことができる**心誌（サイコグラフ）**を考案した。その後1965年にはキャッテル（R. B. Cattel）が，オールポートが抽出した4504語について同義語の整理を行い最終的に12の根源的特性を抽出し，さらに4特性を加えて**16 PF 人格検査**を作成した。日本版も出版されていたが現在は絶版になっている。

　この他ギルフォード（J. P. Guilford）は1940年代に，心理統計の手法である因子分析を用いて13因子のパーソナリティ特性を抽出している。わが国では矢田部らが12因子に短縮して日本語版の **YG（矢田部―ギルフォード）性格検査**を作成した。因子とは因子分析によって抽出された各々の特性グループのことを指し，たとえば YG 性格検査の12因子にはそれぞれ「抑うつ性」や「回避性傾向」「神経質」「のんきさ」といった因子名がつけられているが，これらはギルフォードが命名した特性名に基づいている。この他アイゼンク（H. J. Eysenck）もまた同様に因子分析を用いて，特性数が最小限の基本因子の探索を行い，「外向性」と「神経症傾向」の2因子を抽出して **MPI（モーズレイ人格検査）**を作成し，後に「精神病的傾向」を加えて3因子とした。

　その後も研究が重ねられ，パーソナリティは5つの特性因子にまとめられるのではないかという結果が共有されるようになる。1981年にゴールドバーグ（L. R. Goldberg）が名づけた「**ビッグ・ファイブ**」やコスタ（P. T. Costa）とマクレイ（R. R. McCrae）による「**5因子モデル**」である。たとえば後者は5因子を「神経症傾向」「外向性」「開放性」「調和性」「誠実性」と命名し，質問紙 NEO-PI-R を作成している。個人のパーソナリティの測定については，特性論に基づく検査を含めて多くの方法や心理検査などのツールが開発されており，代表的なものを表9‐2に示す。

（3）パーソナリティと遺伝的影響

　ところで，パーソナリティの形成や発達については，それが遺伝によるところが大きいのか，それとも生まれてからの発達や育ちによるところが大きいのかという，いわゆる「氏か育ちか（生まれか育ちか）」といった議論が繰り広げられてきた。近年の行動遺伝学の研究結果からは，遺伝的影響と環境の影響と

表 9-2　代表的なパーソナリティの測定方法

面接法	臨床的面接法（診断面接，治療面接） 調査面接法（構造化面接，半構造化面接，非構造化面接）
観察法	自然観察法，実験観察法
質問紙法	日本版 MPI 性格検査（モーズレイ人格検査），YG（矢田部―ギルフォード）性格検査，MMPI（ミネソタ人格目録），TEG Ⅲ（東大エゴグラム），日本版 NEO-PI-R およびその短縮版である NEO-FFI
投影法	SCT（文章完成テスト），P-Fスタディ（絵画欲求不満テスト），TAT（主題統覚検査），ロールシャハテスト，描画法（バウムテスト，風景構成法，HTP，家族法）
作業検査法	内田クレペリン精神検査

出所：筆者作成。

の相互作用で形成されていくことがより明らかとなっている。たとえば**双生児研究**によれば，パーソナリティの発現は約30～50％が遺伝的影響によるもので，50～70％が環境の影響によるものであることが示されている。さらに，このような研究では環境の影響について，きょうだいにとっての家庭などの共有環境と比べて，家庭以外の学校などの非共有環境の影響が強いことが示されている。

　この他，クロニンジャー（C. R. Cloninger）は，遺伝的な要因によって規定される独立した4因子の気質と3因子の性格で構成される7特性の気質と性格に関する**パーソナリティ・モデル**を提案し，気質に関するドーパミンやセロトニンなどの神経伝達物質との関連性についても提案している。さらには，パーソナリティと関連性の高い**社会認知的理論**として，1955年のケリー（G. A. Kelly）の**パーソナル・コンストラクト理論**とその測定のための Rep テストや1960年前後のウィトキン（H. A. Witkin）の**認知スタイル**（**場依存型―場独立型**），パーソナリティ研究における状況的文脈の重視を唱えたミシェルと正田が提起した**認知―感情システム理論**などがある。

参考文献
太田信夫監修（2019）『知能・性格心理学』北大路書房。
日本版 WISC-Ⅳ作成委員会（2013）「日本版 WISC-Ⅳテクニカルレポート　＃8」

　日本文化科学社。
横田正夫・津川律子編（2020）『ポテンシャルパーソナリティ心理学』サイエンス社。
吉川眞理編著（2020）『よくわかるパーソナリティ心理学』ミネルヴァ書房。

学習課題
①　知能の構成概念および新たな知能観についてまとめてみよう。
②　知能検査は福祉や心理のどのような現場で活用できそうですか。考えてみよう。
③　類型論と特性論についてそれぞれまとめておこう。
④　パーソナリティの測定は福祉や心理の現場でどのように利用できそうですか。考えてみよう。

第10章

わたしとみんな

1 対人関係

（1）対人関係のはじまりと親密化

　本節では，人と人が出会い，関係を築いていくプロセスについて，またコミュニケーションの背景にある心理的プロセスについて取り上げる。

　他者がどのような人物であるかを考える時，性別や年齢，職業や人種などを手がかりにする人の中には，たとえば「女性」だから「料理が上手」，「高齢者」だから「ゆっくり動く」だろうといった判断をする人がいるかもしれない。しかし，これは特定の社会的カテゴリーに属する人々に対して抱いているイメージ，すなわち**ステレオタイプ**に基づいた判断である。ステレオタイプによる自動的な反応は，十分な情報がないままに相手の行動を誤って解釈したり，差別的な行動につながる可能性もあるので注意が必要である。しかし，出会って間もない頃は，お互いのことをよく知らない状況である。そのような場合には，ステレオタイプにより相手の行動を予測して，注意して対応するように行動を調節すれば，より円滑なやりとりができることは多いかもしれない。

　では，人と人とが出会ってから仲良くなる過程にはいったいどのような要因が関係しているのだろうか。対人関係の親密化には，①近接性，②類似性の2つの要因が関係していると考えられている。①近接性とは物理的に近いところにいることであり，学校の同じクラスにいるとか，職場が同じであるといったことが当てはまる。近くにいれば接触する頻度が高くなり，接触頻度が高まれ

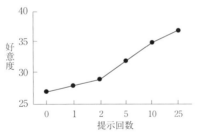

図 10 - 1　好意度と提示回数の関係

出所：筆者作成。

ば相手は見慣れた存在となり好意が増すのである。ザイアンス（R. B. Zajonc）は，記憶に関する実験と称して実験参加者に顔写真を繰り返し提示し，各顔写真に対する好意度を評価させた[1]。その結果，顔写真の提示回数が多いほど，その顔への好意度が高くなっていた（図10 - 1）。これは**単純接触効果**（第 7 章も参照のこと）という現象であり，1000分の 1 秒間という瞬間的な提示により本人が見たという認識がなくても起こり得ることがわかっている[2]。

　②類似性は文字通り似ていることである。人は自分と考え方や感じ方が似ている人に対して魅力を感じることがわかっている[3]。趣味が同じ人や興味の対象が似ている人と一緒にいると自然と話が弾み楽しい時間を共有することができ，さらに仲良くなれそうである。少し親しくなると，人はお互いに自分自身の様々な部分について伝え合う，つまり**自己開示**し合うようになる。自己開示を受けた人は，相手から信頼されていることを感じて自分も同程度に自己開示する，すなわち**自己開示の返報性**が生じるのである。

　自己開示には，その相手との関係をより親密化すること以外に，感情の表出や自分に対する印象のコントロールといった効果がある。人は一般的に仲良くなりたい人には積極的に自己開示をしようとするが，そうでない相手には自己開示を控え相手との距離をとろうとするであろう。さらに自己開示の別の効果としては，心理的適応状態を高めることが挙げられる。自分の悩みや気持ちを友人に聞いてもらうだけで，頭の中が整理され気持ちがすっきりしたという経験をもつ人も多いだろう。友人関係において自己開示を多く行う者ほど孤独感が低いことが示されており[4][5]，自己開示は対人関係だけでなく，個人の適応性と

も関連性が高いことがわかる。

（2）対人行動の変化とそのメカニズム

　次に，わたしたちが対人関係の中でとる態度や行動に関連する要因について考えてみよう。物事や人に対する態度は，ある程度の持続性をもつが状況によって変化するとも考えられている。たとえば，特定の他者に対してある期待を抱くと，その相手に対する態度や行動がその期待に応じて変わっていくという経験はないだろうか。自分が相手に対して何らかの期待をもつと，その相手に対して期待に沿った行動をとることによってその期待が現実になることを，**予言の自己成就**という。この現象は，社会学者のマートン（R. K. Merton）[6]によって指摘されたものであるが，**ピグマリオン効果**とも呼ばれる。その代表的研究としてはローゼンタール（R. Rosenthal）とジェイコブソン（L. Jacobson）[7]の次のような研究がある。ある小学校で知能テストを行う際に，「将来の成績の伸びがわかるテストである」と嘘の説明を教師に行った。テストを実施した後，テストを受けた子どもたちをランダムに実験群と統制群に分け，授業を担当する先の教師に対して実験群の子どもたちは「伸びる子どもである」と告げられた。そして 8 か月後に再度知能テストを行った結果，実験群の子どもたちは統制群の子どもたちに比べて成績がより向上していた。この現象は，教師が実験群の子どもたちの能力に期待をしたことにより彼らへの対応が変わり，子どもたちはその期待に応じて努力した結果，知能が向上したと考えらえる。期待したことによって教師の行動が具体的にどう変わったのかは明らかではないが，少なくともローゼンタールらの研究ではその期待がうまく子どもたちの成績向上に役立ったのではないかと考えられる。

　人が態度や行動を変化させるメカニズムを説明するものの一つに，**認知的不協和理論**（cognitive dissonance theory）[8]がある。認知的不協和とは，自分や自分の置かれた環境に関するあらゆる認知の間に生ずる矛盾のことを指す。フェスティンガー（L. Festinger）によれば，この認知的不協和は不快な緊張状態をもたらすため，人はこれを低減したいと動機づけられ，矛盾する 2 つの認知のうちどちらか一方を変化させようとする。たとえば，一日に30本もタバコを吸う

ヘビースモーカーにとって，タバコは肺がんの罹患率を高め寿命を短くする有害なものであるという情報は不協和をもたらす。誰でも人は健康でいたいと思っており，たいていは「健康を損ねる物は避ける」という認知をもっているだろう。その不協和を低減するためには，禁煙をして「自分はタバコを吸っている」という認知を変えるか，「タバコは有害でない」という情報を引き合いに出して喫煙を続けるか，どちらかが必要である。

　ディカーソン（C. A. Dikerson）らはこの認知的不協和を利用した興味深い実験を行っている。彼らは自分でも望ましいと考えているがなかなか実行できない行動としてシャワー使用時の水の節約行動を取り上げた。大学のシャワー室に入ろうとする学生を質問条件，署名条件，質問＋署名条件，統制条件の4グループにランダムに分けた。各条件の学生に対して，質問条件ではシャワーの使用に関する簡単な質問を行い，署名条件では節約を訴えるチラシを提示し署名をしてもらった。質問＋署名条件ではその両方を行い，統制条件では何もしなかった。各条件の学生が実際にシャワーを使用する時間を測定した結果，質問＋署名条件の学生が最も使用時間が短く，統制条件が最も長かった。署名をして他者に水の節約を求めた自分が水の節約をしなければ，「人には節約を求めて，自分は節約しない」という不協和が引き起こされるためと考えられる。

　では，対人関係の中で相手の態度や行動を変化させたい場合についてはどうだろうか。多くの人は，依頼したり要請したり，時には説得を試みたりするであろう。要請の技法としてその有効性が認められているものの一つが，フット・イン・ザ・ドア法である。この名称は，セールスマンが客に玄関のドアを開けさせて，そこに一歩足を踏み入れれば，成功する可能性が高くなるということに由来している。つまり，先に受け入れやすい小さな要請を行いそれが受け入れられた後に，本来の目的であるより大きな要請を行うということである。フリードマン（J. L. Freedman）とフレーザー（S. C. Fraser）によれば，後の大きな要請は小さな要請の直後でなくてもよく，また，2つの要請間に密接な関連がなくても同様の効果が得られることがわかっている。

2　集団・組織

（1）集団とは

　集団やグループで活動した経験がない人はいないと思う。身近な集団やグループは枚挙にいとまがない。一人では実行したり，考え出すことが難しいことも，集団だから可能となった経験をしたこともあるだろう。また，みなさんが将来就く仕事においても，一人で務めることは少なく，複数の人が集まり業務をこなすことが多い。

　集団とは，複数の人が集まって形成されるもので，多くの場合，集団として取り組む目標があり，その目標に向かってメンバーの知恵や体力等を結集する機能を備えている。なお，集団と組織の定義は厳密には相違点はあるが，本節では上記の定義を踏まえ，集団として統一し表現した。

（2）集団の形成

　集団が形成されると，一人では実行が難しいことも達成する可能性が高くなる反面，集団によるしばりのようなものが現れ，単独なら融通の利くことも実行が難しくなる場合がある。

　集団で活動する際，決まった規則があるわけではないが，メンバーが暗黙のうちに従う服装や言葉遣い，振る舞い方等がある。このような，メンバーが共有している，集団内で通用する行動や考え方に関する一定のルールを**集団規範**といい，そこには集団の秩序を維持するための見えない圧力のようなものが含まれることも多い。

　集団規範に関連して生じる行動として**同調**がある。たとえば，流行っている服を着たり，SNS で評判のお店に足を運んだり，多数派の意見に従ったりした経験はないだろうか。これらのように，自らの行動や考え方を多数派のそれらに合わせることを同調という。同調が生じる様子を実験で示した研究としてアッシュ（S. E. Asch）による実験とシェリフ（M. Sherif）による実験がある。

　ドイッチ（M. Deutsch）とジェラード（H. B. Gerard）は，同調が生じる理由

を次のように説明している。一つは，他者から承認を得たい，逆に非難を受けたくないという理由から規範を逸脱しないように同調する場合である。これを規範的影響といい，アッシュの実験による同調はこれに当たる。もう一つは，自分の判断に自信がない場合に，他者の判断を拠り所とするために生じる同調である。これを情報的影響といい，シェリフの実験による同調はこれに当たる。

　ところで，調子のよいスポーツチームのメンバーにインタビューをすると「チーム一丸となって……」というコメントを耳にすることがある。チームのまとまりがよく，チームメンバーが同じ目標に向かって進んでいる様子がうかがわれる言葉である。このような，集団としてのまとまりや団結力を**集団凝集性**という。集団凝集性が高くなる条件としては，集団の目標が明確であり，その目標が達成できることや，メンバー間のコミュニケーションがよく，共同的に活動が進み，メンバーの満足度が高いこと等が挙げられる。

（3）リーダーシップ

　集団が形成されると，その集団の活動を引っ張るリーダーが生まれ集団の目標に向かってリーダーシップを発揮する。リーダーシップに関する研究は1900年頃から始まったとされ，多くの研究が積み重ねられているが，その中から三隅による **PM 理論**について取り上げる。

　三隅は，カートライト（D. P. Cartwright）が示したリーダーシップの2つの機能を発展させ PM 理論を提唱し，リーダーシップの機能として「Ｐ機能」と「Ｍ機能」を想定した。Ｐ機能とは，集団の課題達成機能（Performance）であり，メンバーに対する具体的な指示や命令などを含む行動を指し，Ｍ機能とは，集団の維持機能（Maintenance）であり，メンバーとの人間関係の維持に関わる行動を指す。Ｐ機能とＭ機能について尋ねる項目例を表10-1に示している。

　PM 理論では，表10-1に示した質問項目の平均値によって両機能の高低群をつくり，その組み合わせから4つの類型化を行う（表10-2）。PM 型はＰ機能もＭ機能も高く，仕事への指示命令も明確で，メンバーとの人間関係も良好であるリーダーを示している。その逆が pm 型であり，仕事への指示命令が

表10-1　P機能とM機能の質問例

集団の課題達成機能
• あなたの上司はあなた方の仕事に関して，どの程度，指示，命令を与えますか。
• あなたの上司は仕事に必要な知識や研究のやり方を教えますか。
• あなたの上司は仕事の量や質のことをきびしくいいますか。
集団の維持機能
• あなたは仕事のことであなたの上司と気軽に話し合うことができますか。
• あなたの上司はあなたを信頼していると思いますか。
• あなたの上司は何か困ったことがあればあなたを援助してくれますか。

出所：中野隆之（2007）「保健福祉施設におけるリーダーシップに関する一考察——良質なサービス提供を進めるために」『社会福祉学』48（1），130〜141頁。

表10-2　PM 理論の4類型

		M機能	
		低 ← 平均値 → 高	
P機能	高 ↑ 平均値 ↓ 低	Pm 型	PM 型
		pm 型	pM 型

出所：筆者作成。

あいまいで，メンバーとの人間関係もおろそかになっているリーダーと考えられる。様々な研究結果から PM 型が望ましく，pm 型が望ましくないリーダーであることが示されている。また，Pm 型や pM 型については，与えられた課題やメンバーの特性に応じてリーダーの影響力は異なることが示されている。

（4）集団での意思決定

　多くの場合，集団には取り組む目標がある。そして，その目標に向かってメンバーの知恵や体力等を結集するわけだが，目標達成する過程で様々な意思決定をする必要が出てくる。意思決定の過程では，個人間や集団間の対立した主張の綱引きが生じ，**社会的ジレンマ**（たとえば，便利なので自動車を利用するが，

一方で温暖化の原因となるような，個人の利益と社会的利益との間の葛藤）に似た状況に陥ることもあるだろう。

　複数の人が集まり意思決定をする際，その結論は，それぞれの人の意見を適度に取り入れ平均化されたところに落ち着くように思われる。しかし，実際にはそれぞれの意見が平均化されるよりも，むしろ偏った結論に至る傾向がある。これを**集団極性化**という。さらに，この偏りの方向には，より危険な結論に向かう場合（リスキー・シフト）と，より安全な結論に向かう場合（コーシャス・シフト）とがある。

　集団極性化が生じる理由として，同じ意見をもっている者が集まると，その意見がより強められることや，異なる意見をもっている者が集まると，その中の一つの意見を目立たせようという力が働くこと等が考えられる。また，リスキー・シフトが生じる原因としては**責任の分散**が挙げられる。ある課題を一人で任されるよりもグループで解決した方が，プレッシャーが少なくなる経験をしたことがないだろうか。これは一人で課題を解決するよりも集団で解決する方が課題解決への責任が分散されるからだと考えられる。責任が分散されると，自分一人で責任を負うことがなくなるので，リスクを含む解決方法を選んでしまう可能性が出てくるのである。この責任の分散とは，援助が必要な場面において，他の誰かが手を差し伸べるだろうと考え，援助を控えるという**傍観者効果**が生じる原因としても考えられている。

　「三人寄れば文殊の知恵」とは，一人で考えるよりも三人で考えた方がよいアイデアが浮かぶという諺である。しかし，集団の状況によっては複数で考えることが必ずしもよいアイデアを生み出すとは限らないことが示されている。

　ジャニス（I. Janis）は，戦争や大事件の原因，失敗した政策の原因等を分析し**集団思考**の概念を提唱した。集団思考とは集団浅慮（せんりょ）とも呼ばれ，集団の凝集性が高い場合，集団にとってよりよい意思決定よりも，集団の合意が得られるように反対意見を抑え込むよう集団に働きかけることを意味する。特にリーダーが支配的である場合，リーダーの考えに傾いた判断をすることになる。集団思考を防ぐには，リーダーが最初から自らの考えを示さず，集団討議の場から距離を置き，討議のメンバーに批判も含め忌憚のない意見を述べさせる等の

対応が求められる。

（5）集団での共同作業

　集団での共同作業場面では，個人で活動するのとは異なり，一緒に活動している他者からの影響は避けられない。他者がいることにより，活動に好影響がある場合も悪影響がある場合も考えられる。作業環境（照明や休憩回数等）よりも，集団内での居心地のよさが生産性に影響するという知見（**ホーソン効果**）からも一緒に活動する他者の影響は無視できない。

　宿題は自室で，一人で取り組むことが多いと思うが，友人と一緒に取り組んだり，図書館など周囲に人がいる方が取り組みやすい人もいると思う。通常，他者の存在は与えられた課題を解決するためにプラスに働くことが多い。他者が一緒に課題を解決する場合を**共行動効果**と呼び，他者は見ているだけで一緒に課題を解決しない場合を**見物効果**と呼ぶ。しかし，与えられた課題の難易度によって課題への遂行に影響を与えることが知られている。与えられた課題が簡単でその対処方法が明確である場合，他者の存在はやる気を高め，課題の遂行を促すことになる（**社会的促進**という）。一方，与えられた課題が未経験でその対処方法が明確でない場合，他者の存在は課題の遂行を抑えることになる（**社会的抑制**という）。

　ところで，友人と一緒に活動をしている時に，少しくらいさぼっても大丈夫だと考えて手を抜いた経験はないだろうか。このように集団で課題に取り組む際に，自らのやる気や取り組みを意識的に抑えることを**社会的手抜き**という。社会的手抜きは集団の人数が多いほど生じやすく，集団の凝集性が高い場合は逆に生じにい。また，活動の最終目標が明確であると防ぐことが可能である。

3　自　己

（1）自我同一性（アイデンティティ）

　わたしたちは自分自身のことをどれくらいよく知っているだろうか。「わたしは学生である」「わたしは明るい性格である」「わたしはスポーツが好きであ

る」といった自分自身の性格やその他の様々な特徴に関する知識やとらえ方が一つにまとまったものを**自己概念**という。子どもの頃は，親や周囲の大人たちの考え方，あるいは憧れのスポーツ選手などの考え方や行動を受け入れて同じように考えたり振る舞ったりする（同一化）であろう。しかし，思春期・青年期になると，行動範囲が広がり，心身の発達とともにより様々な経験をすることになる。その中で，今の自分（現実自己）となりたい自分（理想自己）のギャップに悩んだり，進学や就職などの選択に迫られ，その後の自分のあり方に迷ったりすることが多くなる。発達心理学者のエリクソン（E. H. Erikson）はそのアイデンティティ理論の中で，青年期の重要な発達課題（危機）の一つに**自我同一性**（アイデンティティ）の感覚を発達させることがあると考えた。アイデンティティとは自分が他者とは異なる独自の存在である（斉一性）という感覚，過去から未来に向かって発達し変化はするが連続性があるという感覚であるという。また，エリクソンのいう「危機」とは危険な状態という意味ではなく，発達過程における「分岐点」を意味し，自我同一性が獲得されなかった場合を自我同一性の混乱と呼んだ。一方，マーシャ（J. E. Marcia）はアイデンティティの状態を，危機を経験しているかどうか，職業などの人生の重要な領域に積極的に関与しているかどうかという2つの観点から，アイデンティティ・ステイタスの4類型を提唱している（表10-3）。多様性が重視され情報があふれている現代社会において，自分はどのような人生を生きていくのか，その可能性は無限大に広がっているようにも見える。色々なものに興味をもち，職業選択など様々な人生の選択を迫られる青年期において，そのプロセスはかえって困難なものになっているかもしれない。

（2）自己に対する評価

　自己に関する様々なとらえ方の全体像を自己概念とすると，特に自己に対する評価的な部分を**自尊感情**という。自尊感情は，個人内である程度の安定性を示し，状況が多少変わっても大きくは変化せず一定の評価を維持している。この自尊感情の測定にはローゼンバーグ自尊感情尺度が用いられることが多い。この尺度は日本語版も作成されており，「自分は人並みに価値のある人間であ

表10-3　アイデンティティ・ステイタス

同一性 （アイデンティティ） ステイタス	危　機	積極的関与	概　　略
同一性達成	経験した	している	幼児期からのあり方について確信がなくなりいくつかの可能性について本気で考えた末，自分自身の解決に達して，それに基づいて行動している。
モラトリアム	現在経験している	しようとしている	いくつかの選択肢について迷っているところで，その不確かさを克服しようと一生懸命努力している。
早期完了	経験していない	している	自分の目標と親の目標の間に不協和がない。どんな体験も，幼児期以来の信念を補強するだけになっている。固さ（融通の利かなさ）が特徴的。
同一性拡散	経験していない	していない	危機前：今まで本当に何者かであった経験がないので，何者かである自分を想像することが不可能。
	経験した	していない	危機後：すべてのことが可能だし可能なままにしておかなければならない。

出所：無藤清子（1979）「『自我同一性地位面接』の検討と大学生の自我同一性」『教育心理学研究』27(3)，178～187頁。

る」といった項目に，自分自身がどれくらい当てはまるかを回答する形式で測定される。

　自尊感情と精神的健康との関連について，これまで多くの研究で検討され，自尊心が高い人ほど精神的に健康であるという結果が得られている。つまり，心理的健康を維持するためには高い自己評価を維持することが重要である。しかし，周囲の出来事によって自尊感情が否定的な影響を受ける場合もある。たとえば，仲の良い友人が周囲から賞賛されるような成功をおさめたら人はどう感じるだろうか。自分のことのように一緒に喜ぶだろうか，あるいは妬ましいと感じるだろうか。テッサー（A. Tesser）の自己評価維持理論によれば，人は自分と他者を比較する時，①親密さ，②達成度，③関連性の3つの要因によって影響を受けるという。まず，比較する他者と自分との関係が親密であるほど，他者の達成度が高いほど，自己評価への影響が大きくなる。ただし，その影響の方向性は関連性によって異なり，その内容が自分に深く関連している場合には自己評価が脅かされ，関連していない場合には自己評価が高くなる。たとえ

ば，自分が目指していた困難な資格試験に友人が先に合格した場合には，その友人との関係が親密であるほど自己評価には脅威となり，自分が目指していない資格試験であれば友人の合格によって自己評価が上昇する。前者を比較過程（comparison process），後者を反映過程（reflection process）と呼ぶ。

（3）自己評価と文化

　自己評価の仕方には国や文化も影響することがわかっている。特に日本人は，失敗した時には「自分の能力が低かったから」と思い（**内的帰属**），成功した時には「みなさんのおかげです」（**外的帰属**）と言って，自己を高く評価しない傾向がある。大活躍をしたプロ野球選手が試合後のインタビューで，「みなさんのおかげで優勝することができました」と言っているのを聞いたことがある人も多いであろう。一方，欧米では逆に，失敗した時には「運が悪かったから」（外的帰属）と自分以外のところに原因を求め，成功した時には「自分の能力が高かったから」（内的帰属）と思い，自尊感情が高まるような原因帰属（第5章も参照のこと）[16][17]をする。これはおそらく，東洋文化で優勢な相互協調的自己感と西洋文化で優勢な相互独立的自己感という2つの特徴的な自己感の違いによるものであろう（**文化的自己感**）。相互協調的自己感は，「他者と結びついた存在」であり，社会的関係の中での自分の位置が重視される。相互独立的自己感は，「他者とは切り離された存在」であり，自分の能力をいかに表現するかが重視される[18]。

（4）社会的アイデンティティ

　一方，国や文化にかかわらず，人は何らかの社会集団に属している。そして自己をその集団の一員として理解し行動することがあり，これを**社会的アイデンティティ**という。社会的アイデンティティはアイデンティティの一部分ではあるが，自分がどんな人間かを定義する際には非常に重要な要素である。国内のどこかで自己紹介をする時は「大阪市出身の会社員で……」などと出身地や職業を言うが，海外に行くと「日本から来ました○○です」と言って自分が日本人であることをより意識するであろう。社会的アイデンティティ理論によれ

ば，人は自分が所属する集団（内集団）がそれ以外の集団（外集団）よりも優れ
ていることを確認することによって，望ましい社会的アイデンティティを維持
し，自己評価を高めようとする。[19]人はなるべく自身の肯定的評価を維持したい，
できれば高くしたいという欲求をもっていると仮定され，自分が所属する内集
団はより肯定的に評価されたり[20][21]，外集団より内集団を優遇するといった**内集団
ひいき**が生じると考えられている[22]。ランダムに分けられた赤白の2チームで勝
敗を決める運動会で，同じチームになった者同士が急に仲良くなったり，自分
のチームができるだけ優位に立てるよう協力し合う経験をした人も多いであろ
う。歴史的に人類は「自分とは違う他の社会集団である」ということから集団
間差別を経験し，多くの戦争や対立を繰り返してきた。しかし，最小条件集団
パラダイムという方法を用いたタジフェル（H. Tajifel）[23]らの興味深い実験によ
ると，単に，好きな絵が同じ人同士の集団を実験的に作っただけで，自分と同
じ集団のメンバーに対する内集団ひいきが観察されたのである。利害の対立や
差別の原因がなくても，人は自分の仲間をひいきしたい生き物のようである。

注

(1)　湯川進太郎・吉田富二雄編（2012）『スタンダード社会心理学』サイエンス社。
(2)　Bornstein, R. F. & D'Agostino, P. R. (1992) "Stimulus recognition and the mere exposure effect," *Journal of Personality and Social Psychology*, 63, pp. 545-552.
(3)　Byrne, D. & Nelson, D. (1965) "Attraction as a linear function of proportion of positive reinforcements," *Journal of Personality and Social Psychology*, 1, pp. 659-663.
(4)　榎本博明・清水弘司（1992）「自己開示と孤独感」『心理学研究』63 (2)，114〜117頁。
(5)　Solano, C. H., Batten, P. G. & Parish, E. A. (1982) "Loneliness and patterns of self-disclosure," *Journal of Personality and Social Psychology*, 43, pp. 524-531.
(6)　Merton, R. K. (1948) "The self-fulfilling prophecy," *Antioch review*, 8, pp. 193-210.
(7)　Rosenthal, R. & Jacobson, L. (1968) *Pygmalion in the classroom: Teacher expectation and Pupils' Intellectual Development*, Holt, Rinehart & Winston.
(8)　Festinger, L. (1957) *A theory of cognitive dissonance*, Row, Peterson.（＝末永俊

郎訳（1965）『認知的不協和の理論——社会心理学序説』誠信書房。）

⑼　Dickerson, C. A., Thibodeau, R., Aronson, E. & Miller, D. (1992) "Using Cognitive Dissonance to Encourage Water Conservation," *Journal of Applied Social Psychology*, 22, pp. 841-854.

⑽　Freedman, J. L. & Fraser, S. C. (1966) "Compliance without pressure : The-foot-in-the-door technique," *Journal of Personality and Social Psychology*, 4, pp. 195-203.

⑾　エリクソン,E. H.／仁科弥生訳（1977）『幼児期と社会1』みすず書房。

⑿　Marcia, J. E. (1966) "Development and validation of ego-identity status," *Journal of Personality and Social Psychology*, 3, pp. 551-558.

⒀　Rosenberg. M. (1965) "Society and the adolescent self-image," Princeton University Press.

⒁　山本真理子・松井豊・山成由紀子（1982）「認知された自己の諸側面の構造」『教育心理学研究』30, 64〜68頁。

⒂　Tesser, A. (1988) "Toward a self-evaluation maintenance model of social behavior," L. Berkowitz (Ed.), *Advances in experimental social psychology*, 21, pp. 181-227.

⒃　Miller, D. T. & Ross, M. (1975) "Self-serving biases in the attribution causality : Fact or fiction ?," *Psychological Bulletin*, 82, pp. 213-225.

⒄　Snyder, M. L., Stephan, W. G. & Rosenfield, D. (1976) "Egotism and attribution," *Journal of Personality and Social Psychology*, 33, pp. 435-441.

⒅　Markus, H. R. & Kitayama, S. (1991) "Culture and the self : Implications for cognition, emotion, and motivation," *Psychological Review*, 98, pp. 224-253.

⒆　Tajifel, H., Biling, M., Bundy, R. P., & Flament, C. (1971) "Social categorization and intergroup behavior," *European Journal of Social Psychology*, 1, pp. 149-177.

⒇　Tajifel, H. & Turner, J. (1979) "An integrative theory of intergroup conflict," W. G. Austin & S. Worschel (Eds.), *The social psychology of intergroup relations*, pp. 33-47, Cole Publishing.

(21)　Tajifel, H. & Turner, J. (1986) "The social identity theory of inter-group behavior," S. Worchel & L. W. Austin (Eds.), *Psychology of intergroup relations*, pp. 33-48, Nelson-Hall.

(22)　Tajifel, J. C. (1982) "Towards a cognitive redefinition of the social group," H. Tajifel (Ed.), *Social identity and intergroup relations*, pp. 15-36, Cambridge University Press.

(23)　⒆と同じ。

参考文献

池上知子・遠藤由美（1998）『グラフィック社会心理学』サイエンス社。

唐沢かおり編（2005）『社会心理学』朝倉書店。

中里至正・松井洋・中村真編著（2014）『新・社会心理学の基礎と展開』八千代出版。

中野隆之（2007）「保健福祉施設におけるリーダーシップに関する一考察——良質な
　　サービス提供を進めるために」『社会福祉学』48（1），130〜141頁。

中村陽吉（1972）『心理学的社会心理学』光生館。

松井豊・宮本聡介編（2020）『新しい社会心理学のエッセンス——心が解き明かす個
　　人と社会・集団・家族のかかわり』福村出版。

松井亮太（2020）「集団思考（groupthink）とは何か——複合集団における集団思考
　　の可能性」『日本原子力学会誌』62（5），26〜30頁。

学習課題

① 　単純接触効果について，例を挙げて説明してみよう。

② 　「対人関係」で学んだことは，福祉や心理の現場でどのように利用できるか考え
　　てみよう。

③ 　下記のキーワードについて，具体的な経験例を書き出してみよう。

　　「集団規範，同調，集団凝集性，リスキー・シフトとコーシャス・シフト，集団思
　　考，社会的促進，社会的抑制，社会的手抜き」

④ 　福祉や心理の現場を想定した場合，PM 理論はどのように説明できるか，どのよ
　　うに利用できるか考えてみよう。

第Ⅲ部

心の広がり

─── イントロダクション ───

　第Ⅲ部では，人が生まれてから死ぬまでの間，心はどのように変
化していくのか，そして，その変化の仕方に関する主な理論を紹介
する。第Ⅱ部で，心には様々な側面があることを学んだ。当然なが
ら，心の発達の仕方には，これらの側面ごとに違いがある。また，
何が発達に影響するのかについても様々な議論がある。支援をする
うえでどのように役立つのかを意識しながら，各発達段階の特性や
発達の理論について学んでほしい。

第11章

心の広がり方

1 発達の定義

（1）発達とは

　心理学の発達は，人の受胎から死に至る心身の変化の過程を扱う。母体の中にいる胎児期から乳児期，幼児期，児童期，青年期，成人期，老年期と，人は生涯を通して変化し続ける。その過程は発育に伴い量的に増加し質的に伸びる成長と，今までできていたことができなくなる衰えや喪失の両面を含む。

　発達には次のような原理や規則性がある。

　①　順序性

　発達は一定の順序に従う。たとえば，乳児の移動運動の発達過程は，首のすわり（定頸），寝返り，はいはい，おすわり（座位），つかまり立ちを経て，始歩・独り歩きの獲得となる。順番を飛び越えることはない。

　②　方向性

　身体的発達は，首→胸→腰→脚→足首→足指という頭部から尾部への方向性と，肩→腕→手首→指先という中軸部から末梢部に向かう方向性がある。

　③　連続性

　発達による変化は途絶えることなく続く。変化は一定とは限らず，一時的に止まっているように見えても連続しているととらえる。スキャモン（R. Scammon）の**発達曲線**は，20歳時の身体組織や器官の重量を100％とした比率を年齢に沿って示したものである（図11-1）。

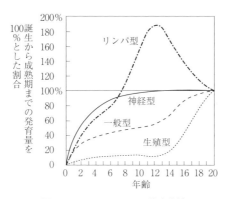

図 11 - 1　スキャモンの発達曲線

出所：厚生労働省「学校における医療的ケア実施対応マニュアル」（https://www.jvnf.or.jp/home/ wp- content/ uploads/ 2020/ 07/ caremanual1-1. pdf　2021年 9 月 1 日閲覧）。

④　個人差

　発達の個人差はかなり幅が広い。生後10か月で初語が発現する乳児もいれば，2，3歳になってからようやく話す子どももいる。幼い頃に発達が早い子どもが総じて話すことが早いわけではない。

（2）発達を規定する要因

　古くから「生まれか育ちか（氏か育ちか：nature or nurture）」といわれるように，発達の規定因について遺伝論と環境論のあいだで多くの論争があった。遺伝も環境も相互作用的に発達に影響することで一致したが，遺伝と環境のあり方は複雑で多様である。

　ワトソン（J. B. Watson）の**環境優位説**は，環境からの働きかけを重視する行動主義に立脚した考えである。生得的要因や成熟の影響を考慮せず，人間は白紙の状態（タブラ・ラサ）で生まれ，個人差はしつけや訓練など学習によるものと主張した。ワトソンが，1 ダースの赤ん坊と豊かな環境を与えてくれれば，その子どもたちを医者，法律家，芸術家，泥棒にでも育て上げると豪語した話は有名である。

　ゲゼル（A. Gesell）の**成熟優位説**は，発達における遺伝的発生過程としての

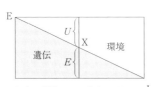

心身の特性はEU線上に現れる。
Eに近づくほど遺伝の力が強くは
たらき,Uに近づくほど環境の力
が強くはたらく。
Xでは遺伝と環境の力が等しくは
たらく。

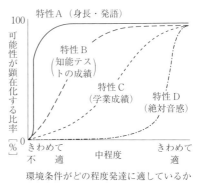

図11-2 輻輳説(ルクセンブルガーの図式)と環境閾値説の遺伝と環境の影響のあり方
注:遺伝と環境の両要因が影響する仮説(左),特性により影響が異なる仮説(右)。
出所:東洋ほか編(1970)『心理学の基礎知識』有斐閣および藤永保ほか編(1977)『児童心理学』有斐閣をもとに筆者作成。

レディネス(準備性)を重視している。訓練は成熟を超えることはないと,双子の幼児の階段登りの例から,早すぎる訓練よりも成熟を待ってからの訓練の方が効果的であると主張した。

シュテルン(W. Stern)の**輻輳説**は,遺伝的要因と環境的要因は独立したもので加算的に発達を規定するという考えである。ルクセンブルガー(J. H. Luxenburger)は「特性(X)=遺伝(E)+環境(U)」の割合が特性により異なることを図式化した(図11-2)。ジェンセン(A. R. Jensen)の**環境閾値説**は,遺伝的特性が発現するには,特性ごとに決まっている環境条件が一定値(閾値)に達する必要があるという考えである。環境条件の影響を受けずに遺伝的特性が顕在化するものもあれば,環境条件が整わないと発現しにくい特性もあると考える(図11-2)。

サメロフ(A. Sameroff)は,遺伝と環境が時間軸上で相互作用的に影響し合う**相互規定的作用モデル**(transactional model)を提唱した。遺伝も環境も発達に関係するという点は輻輳説と同じだが,輻輳説のように双方が独立して発達に影響を与えるのではなく,たとえば育てにくい気質の子どもに対して親の受け止めや関わりが異なり,それが子どもの行動問題の増減に影響し,さらに親の反応を引き出すというように遺伝と環境が力動的・相乗的・可塑的に作用す

ると考えた。

　近年，**エピジェネティクス**（epigenetics）の研究も進んでいる。エピジェネティクスとは，遺伝子の塩基配列は同じなのに遺伝子の発現が変わる制御システムのことである（第3章も参照のこと）。たとえば，一卵性双生児が違う特性をもつようになるのは，環境によって遺伝子のスイッチがオン・オフするためと考えられる。また，DoHAD（Developmental Origins of Head and Disease）仮説は母親の妊娠期の栄養環境が胎児に影響を与え，成人期の肥満や疾病につながると考えている。つまり，遺伝は環境を通して発現する一面があることが明らかになった。

2　ライフステージと発達課題

（1）発達段階と発達課題

　ある観点に着目して人の生涯発達をみると，いくつかの**発達段階**（ライフステージ）に分けて考えることができる。発達理論によって軸となる観点は様々だが，各発達段階に達成するのが望ましい**発達課題**があることが共通している。

　発達課題を最初に提唱した教育学者のハヴィガースト（R. J. Havighurst）は，社会適応や人格形成の観点から人生を6つの発達段階に分けた。ハヴィガーストの発達課題は1970年代のアメリカで一般的であった身体的成熟，社会や文化の要請，個人の価値観などをもとにした具体的な項目が多い（表11-1）。

　精神分析学の父と呼ばれているフロイト（S. Freud）は，生命の根源的なエネルギーとしての性本能（リビドー）に着目し，口唇期，肛門期，男根期（エディプス期），潜伏期，性器期の5つの発達段階から成る心理性的発達理論を提唱した。人間の性本能であるリビドーは生後間もなくから存在し，活動の中に満足を求める人間の生命の原動力になると考えた。そして，リビドーが向かう身体部位が発達とともに変わると考えた。

（2）エリクソンのライフサイクル論

　自我心理学者のエリクソン（E. H. Erikson）は，人の心理社会的発達に着目

表 11 - 1　ハヴィガーストの発達課題

乳児期・児童初期	・歩行や食事，話すこと　・排泄等の学習　・性の相違や性の慎みの学習 ・単純な概念の形成　・両親やきょうだいとの人間関係
児童中期	・同年齢の友達と仲良くする　・男子／女子としての正しい役割 ・読み，書き，計算の技能 ・良心，道徳性，価値観の発達　・社会的集団に対する態度
青年期	・同年齢の男女と洗練された関係を築く　・両親からの情緒的・経済的独立 ・職業の選択　・結婚と家庭生活の準備 ・社会人としての自覚と責任ある行動
成人初期	・配偶者の選択，結婚相手との生活　・第一子をもうけて家庭生活を出発 ・子どもの養育や家庭の管理　・就職 ・市民としての責任，適切な社会集団の選択
成人中期	・大人としての市民的・社会的責任を達成 ・一定の経済的生活水準の確立と維持 ・余暇活動の充実　・自分と配偶者をひとりの人間として結びつける
高齢期	・肉体的強さと健康の衰退に適応　・引退，減少した収入に適応 ・配偶者の死への適応，死への準備 ・同年齢の老人と明るい親密な関係を確立

出所：ハヴィガースト，R. J.／荘司雅子監訳（1995）『人間の発達課題と教育』玉川大学出版部をもとに筆者作成。

したライフサイクル（人生周期）論を提唱した（表11-2）。ライフサイクルとは，生物個体にみられる誕生から成長・成熟，そして老いて死ぬまでの時間の進行に伴う規則的な変化，もしくはその期間のことである。エリクソンは，ライフサイクルを8つの段階に分け，各段階に達成すべき心理社会的発達課題を設定した。そして，各段階の発達課題が達成されると人間的な強みとなり，失敗すると心理社会的危機に陥り，その後の人生に持ち越すと考えた。

　エリクソンの理論の中でも，青年期の発達課題であるアイデンティティ（自我同一性）の獲得は，現代の青年の特徴をよくとらえている。青年期は「自分が何者であるのか」といった性同一性や職業適性など，自己を規定するアイデンティティの確立が発達課題であり，自己の模索を行うためにモラトリアムと呼ばれる猶予期間があると述べている。さらに，マーシャ（J. E. Marcia）はアイデンティティの獲得状況について危機の経験と積極的関与の有無から，「アイデンティティ達成」「モラトリアム」「早期完了」「アイデンティティ拡散」

表 11 - 2　エリクソンの心理社会的発達理論

発達段階	危機（発達課題）	活 力〈強み〉	内　容
乳児期	基本的信頼　vs　不信	希望	• 養育者の一貫性，連続性のある関わりが自分や自分を取り巻く社会が信頼できるものという感覚（基本的信頼）を育てる • 不適切，非一貫性または否定的な養育が不信感を生じさせる
幼児前期	自律性　vs　恥・疑惑	意志	• 基本的しつけを通して自分をコントロールすること（自律性）を学習する • 過保護または援助の欠如が，自己のコントロール力に恥や疑問をもたらす
幼児後期	自発性　vs　罪悪感	決意	• 自発的，積極的に行動することを通して快の感覚を学習する • 活動の抑制と疑問を無意味と扱うことが罪悪感を招く
児童期	勤勉性　vs　劣等感	有能感	• 学校や家庭で課題を達成する努力を積み重ねて勤勉性や有能感を獲得する • 課題が達成できずに批判を受けることが多いと劣等感を招く
青年期	同一性　vs　同一性の拡散	忠誠	• 身体的・精神的自己の連続性と同一性を統合し，アイデンティティを獲得する • 自己の安定性（特に性役割や職業選択）を確立できないと役割の混乱を招く
成人前期	親密性　vs　孤独	愛	• 結婚や家族形成など人を愛する能力や他者と関わる連帯感が親密性に導く • 他者との競争的，闘争的な関係が孤立を招く
成人中期	世代性　vs　停滞	世話	• 子育てや社会で次世代を担う後進を育てることが世代継承性を生み出す • 自己を優先した関心が人生の停滞を招く
老年期	自己統合　vs　絶望	英知	• これまでの自分の人生の意味や価値を統合し，新たな方向性を見出す • 逃した機会を取り戻すには遅すぎるという感情が絶望を招く

出所：エリクソン，E. H.／仁科弥生訳（1977）『幼児期と社会1』みすず書房をもとに筆者作成。

の４つのアイデンティティ・ステイタスに分類した。

　ライフサイクルの最終段階である老年期の発達課題は統合である。各段階の心理的葛藤を乗り越えて，人生を一貫性と全体性の感覚からとらえる統合に至ると，人には英知という人間的強さがそなわるとエリクソンは考えた。統合に失敗すると絶望だが，統合は人生全体を振り返ってなされるものであり，たとえそれまでの段階で積み残した課題があったとしても戻ってやり直す「発達のための退行」が可能であるという。エリクソンは，人間の潜在的能力はそれまでの発達段階での統合的経験が実を結ぶように自然に働くと述べている。

　学習課題
　① 発達課題にはどのようなものがあるのかまとめてみよう。
　② 支援の目標を考える時に，相談者の発達段階はどのように関連するだろうか。

コラム3　母子生活支援施設の仕事と心理学

　わたしは現在，母子生活支援施設で母子支援員として働いています。「母子生活支援施設」は，児童福祉法の中に定められている施設ですが，児童養護施設や他の児童施設とは違い，唯一母親とその子どもが一緒に生活を送ることができる施設です。母子生活支援施設と聞くと，「DV 被害にあった人たちが逃げ，隠れて生活しているところ」という印象をもっている方が多いかもしれませんが，実はそれだけではなく，生活が困窮している人や未婚，若年，養育不安や障害など，様々な問題を抱えている母子世帯が利用することができる施設です。もちろん DV 加害者から身を隠すという「シェルター」の役割も担っていますが，それは母子生活支援施設の一面に過ぎません。

　わたしが母子生活支援施設で働いていて大変だなと感じることは，やはり10人の利用者がいれば10人それぞれ抱えている問題・課題があり，その問題や課題への向き合い方も違います。わたしたち職員が「こうしたい」と思っていても，利用者自身がそれを望んでいないことがあったり，また価値観もそれぞれ違うので，どうしたら良いのか，どうすることが利用者にとって最善になるのかと日々悩むことが多いです。また母子生活支援施設は「家族」で入所しているので，母親だけ，子どもだけを支援したら良いというわけではなく，家族支援をしていかなくてはならないので，難しさを感じることもあります。しかし，大変だと思うことがある中で，利用者に「ありがとう」「助かった」「施設に来れてよかった」と言ってもらえると，今までのしんどさが報われ「頑張ってよかった」と思えます。そして何より子どもたちの成長を母親と一緒に間近で見て，感じて，共感させてもらえるということは，この母子生活支援施設で働いているからこそ感じられる喜びだと思います。

　この仕事に心理学で学んだことがどのように役に立っているかということについては，ありきたりなことかもしれませんが，心理学の「傾聴」「受容」「共感」の姿勢が利用者との信頼関係の土台を築いていくうえでとても大切だなと感じていますし，その学びが今でも現場で利用者と話をする際や支援をする際に生かされていると思っています。

　このコラムを通して，少しでも多くの方に，母子生活支援施設という施設に興味をもってもらい，知ってもらえる機会となれば幸いです。

第12章

心の広げ方

1 認知発達理論

（1）認知とは

　子どもはどのように世界を知り，考えをめぐらせ，判断するようになるのだ
ろう。認知とは，外界の事象を理解するための心の働き全般を指し，知覚・判
断・想像・推論・決定・記憶・言語理解といった様々な要素を含む。ここでは
子どもの認知発達に関して，ピアジェ（J. Piaget）の**発生的認識論**と，ヴィゴ
ツキー（L. S. Vygotsky）の**社会文化理論**を取り上げる。どちらも社会的相互作
用（環境および周囲の人やものとの相互作用）が人の認知発達を促すという考えに
立つが，相互作用の機序に意見の違いがあり論争が続いた。

（2）ピアジェの発生的認識論

　ピアジェは，人の思考は個人内から系統的・個体的に発生し，環境と相互作
用しながら適応的に発達すると考えた。これを発生的認識論（genetic
epistemology）という。ピアジェは認識の発達過程を次のように説明した。

　新生児の頃から人は認知的枠組み（シェマ）を通して環境の事象を取り込む
（同化）。同じことを繰り返しながら（循環反応），すでに身につけているシェマ
では対応できない新たな事象に出会うと，シェマを修正し変化させる（調節）。
そしてシェマの同化と調節を繰り返しながら，より高次なシェマへと安定的に
構造化していく（均衡化）。このように，子どもは能動的に環境に働きかけ，自

ら思考を作り上げる存在と考えた。

　ピアジェはわが子の観察から，人の思考の発達を感覚運動期，前操作期，具体的操作期，形式的操作期の4期に区分した（表12-1）。

（3）ヴィゴツキーの社会文化理論

　ヴィゴツキーは子どもの発達における社会，文化，歴史を構成する他者の影響を重視した。人の高次精神機能は他者との関わりや社会的相互作用から，徐々に個人内の心理的機能として定着していくと考えた。

　社会構成的な発達過程を表すものとして，ヴィゴツキーは「内言」「外言」という言語の発達段階を示している。大人は自ら考える時に頭の中で言葉を用いて考えるが，小さな子どもはそれができない。他者との交流からひとり言のような「外言」が育ち，発達に伴い内面化され「内言」となって高次の思考の手段となると考えた。

　「発達の最近接領域（Zone of proximal development：ZPD）」という考えも提唱した。子どもが自分一人でできること（現在の発達水準で可能な水準）には限界があるが，大人や同じ年頃の仲間との共同行為の中でなら，その限界を超えてできるレベルがある。その潜在的な発達可能水準のことを「発達の最近接領域」という（図12-3）。ブルーナー（J. S. Bruner）は，最近接領域における足場かけ（scaffolding）の重要性を説いた。子どもが一人ではできない時に，経験者が一人でできるように促すと学習は進むという考えは，教育現場で活用されている。

（4）非認知能力と実行機能

　近年，認知能力に対して非認知能力が注目されている。非認知能力とは意欲，協調性，粘り強さ，忍耐力，計画性，自制心，創造性，コミュニケーション能力など，学力ではない個人の特性を指す。中でも**実行機能**は目標を達成するために自分の欲求や考えをコントロールする能力のことで，子ども時代の実行機能の高さが学力や社会性だけでなく，成人後の経済的成功や健康状態とも関連することが明らかにされている。

表 12 - 1　ピアジェの発達理論

	段階（年齢）	特徴　[発達の姿の例]
感覚運動期	生得的なシェマの同化と調節 （誕生〜1か月頃）	生得的な反射（原始反射）を通して外の世界に働きかける。感覚と運動が表象を介さずに直接結びついている。[把握反射，吸啜反射]
	第一次循環反応 （1〜4か月頃）	2つ以上のシェマを協応させて，自分の身体に関する行為を繰り返す（循環反応）。[指を吸う，ハンドリガード]
	第二次循環反応，目と手の協応 （4〜8か月頃）	視覚や聴覚などの感覚を使って協応動作ができるようになり，循環反応の対象が自分の身体から周囲のものへと広がる。示されたものに手を出し，見たものをつかむといった目と手の協応が成立する。[ガラガラを振る]
	二次的シェマの協応，目的と手段の分化，物の永続性の理解 （8〜12か月頃）	目的に向かって，それまでに獲得した手段（シェマ）を使って解決しようとする。物の永続性を理解する。[ハンカチでおもちゃを隠すと，ハンカチを払いのけておもちゃを手に取る]
	第三次循環反応，能動的探索・試行錯誤的学習 （12〜18か月頃）	同じことを繰り返しながらも，自分でバリエーションをつけて変化を確かめながら試行錯誤的に新しい手段を発見する。[強弱をつけて太鼓を叩いて音を楽しむ]
	洞察の始まり （18〜24か月頃）	行動に移す前に，シェマを思い浮かべ，頭の中で試し（心内実験），予想してみることが可能となる（洞察）。見たものを記憶にとどめ，後から模倣する（延滞模倣）。あるものを他のものに見立てる象徴行為が始まる。[親の行為を見て後からまねる]
前操作期	象徴的思考段階 （2〜4歳）	象徴機能が発達し，象徴遊び（ごっこ遊び）やアニミズム（ものや自然現象にも命や感情があるとみなす）などの象徴的行為や，言語活動が活発になる。他者も自分と同じ考えや感じ方をするという知覚の制約がある。[ままごと遊び]
	直観的思考段階 （4〜7歳）	関係づけや分類など概念化が進むが，論理的ではなく直感的である。他者の視点には立てず，自分の視点から解釈する自己中心性（中心化）の特徴をもつ。[三つの山問題（図12-1参照）]
具体的操作期 （7〜11歳頃）		具体的な場面では論理的思考ができる。脱中心化が進み，客観的に自分と異なる他者の視点に立てる。数や量（液体，物理）の保存概念が成立（図12-2参照）し，可逆的操作が行える。
形式的操作期 （11歳以降）		論理的思考，抽象的概念の理解ができる。「もしこうならば，こうである」と命題を仮説演繹的に推論し思考することができる。

出所：ピアジェ，J.／滝沢武久訳（1968）『思考の心理学』みすず書房をもとに筆者作成。

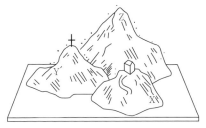

3種の異なる特徴をもった山の模型を提示し，異なる位置からの山々の見え方を問い，空間的他視点取得能力を測定する。

- X〜Zの山の高さは，約20〜30cm刺激布置全体は1m四方の正方形
- Xの山：最も低い緑色の山。頂上に小さな家がある。
- Yの山：中間の高さで茶色の山。頂上に赤い十字架がある。
- Zの山：最も高い灰色の山。頂上は雪で覆われている。

図 12 - 1　三つの山問題

出所：空間認知の発達研究会編（1995）『空間に生きる――空間認知の発達的研究』北大路書房をもとに筆者作成。

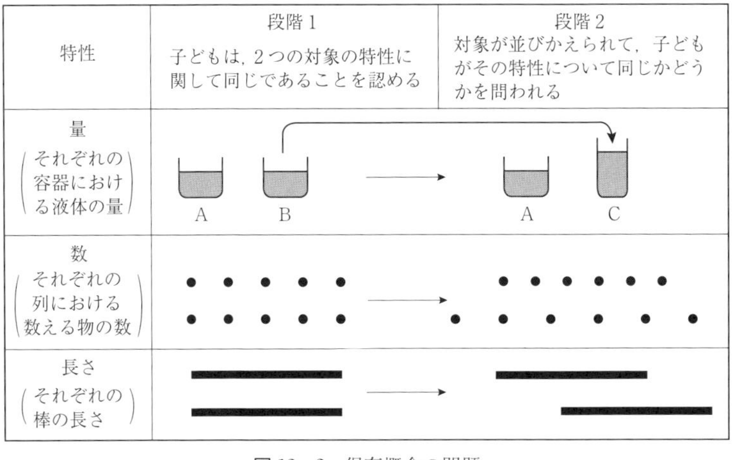

特性	段階 1 子どもは，2つの対象の特性に関して同じであることを認める	段階 2 対象が並びかえられて，子どもがその特性について同じかどうかを問われる
量 （それぞれの容器における液体の量）	A　　B	A　　C
数 （それぞれの列における数える物の数）	・・・・・ ・・・・・	・・・・・ ・・・・・
長さ （それぞれの棒の長さ）	━━━ ━━━	━━━ 　　━━━

図 12 - 2　保存概念の問題

出所：バターワース，G.・ハリス，M.／小山匠ほか訳（1997）『発達心理学の基本を学ぶ』ミネルヴァ書房。

　生きていく力や幸福感は，知能指数（IQ）や学力で測れる認知能力だけで定まるものではなく，これら非認知能力に関わることが多くの縦断研究から実証されている。

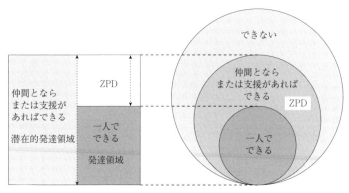

図 12 - 3　発達の最近接領域

出所：ヴィゴツキー，L. S.／土井捷三・神谷栄司訳（2003）『「発達の最近接領域」の理論——教授・学習過程における子どもの発達』三学出版をもとに筆者作成。

2　言語発達

　人の言語能力は話している内容を理解する受容言語と，自分の伝えたいことを言葉で表現する表出言語に分けられる。聞く力（聴覚）や言葉を理解する力と話す力に，伝えたいという意欲が加わることでコミュニケーションの力はさらに広がる。言葉の発達は脳幹部と大脳辺縁系と大脳皮質の働きに支えられている。規則正しい生活リズムや十分な運動と関連がある脳幹部の発達を基礎に，安定した情緒の発達と関連する大脳辺縁系の働きが積み上げられ，楽しく豊かな体験や言葉でわかり合う共感体験がさらに積み重ねられて言葉を育む。言葉の発達は，心身の発達や生活体験に支えられているのである。[1]

①　聞く力

　言葉を聞くための聴覚は胎児期から機能している。胎内では母体の心臓音や血流が聞こえる他，母親の会話や音楽などの外界の音も聞こえている。誕生後は母親の声や母語の音声を好んで聞き，音韻を弁別することもできる。聴覚は生後半年でほぼ大人と同等の機能をもつようになる。

②　話す力

　赤ちゃんは泣くのが仕事といわれるが，生後３か月頃までは泣くことが要求

を示す唯一の手段である。2か月頃になると，満足な時にもクーイングと呼ばれる喉の奥から出す「あー」「くー」といった音もみられるようになる。4か月頃には「あーあー」といった**喃語**が出現する。初期の喃語は母音が連続して発せられるが，6か月を過ぎると「ば，ば，ば」といった子音と母音が区別された喃語も出現する。さらに8か月頃には乳児がひとり言のように無意味語を話すジャーゴンがみられるようになる。この頃になると「バイバイ」と手をふったり，「どうぞ」とものを差し出したり，動作と行動が結びついて他者との間にコミュニケーションが広がる。1歳頃には「ママ」「まんま」といった初語が出現し，1歳半には「パパ来て」のような二語文がみられるようになる。また，自己意識の発達を背景に2歳の第1反抗期の頃には自己主張や願望言葉，基本的感情を表現する言葉も多くなる。3歳になると500語程度の語彙力を有し，3語文や多語文が出現し，過去の出来事やファンタジーを語るようになる。

3　アタッチメント理論

（1）アタッチメントとは

　人は誰でも怖くて不安な時には安心したいと思うものである。**アタッチメント**とは，人が危機的状況に陥った時に生じる恐れや不安などのネガティブ感情を，養育者など特定の相手にくっつく（attach）ことで調整してもらおうとする行動傾向のことである。イギリスの児童精神科医のボウルビィ（J. Bowlby）が提唱した概念で，愛着と訳されるが，親子の愛情や依存関係を表すものではない。生理的早産のために一人では生きられない人間の乳児が，養育者から世話を受けて安心，安全に生きていくための生得的な適応戦略を意味する。

　アタッチメント理論ができた背景には，20世紀初期の施設で育つ孤児に発育不良や死亡率が高いというホスピタリズム（施設病）を調査したスピッツ（R. Spitz）の研究や，動物の初期経験の重要性を明らかにしたローレンツ（K. Z. Lorenz）やハーロウ（H. F. Harlow）による比較行動学（エソロジー）の影響がある。ボウルビィはこれらの研究から母性的養育の剝奪（maternal deprivation）の影響や，早期の母子関係の重要性を唱えるアタッチメント理論を創始した。

図 12-4　安心感の輪

　アタッチメントの機能は子どもの情動調整と安全感の回復という制御システムといえるが，それをわかりやすく説明しているのが「安心感の輪」である（図 12-4）。この図の左にある両手は子どものアタッチメント対象である養育者を表す。養育者から安心感を満たされた子どもは探索行動に出る。これが上半分の姿で，養育者はそれを見守るのが役目である。探索に出た子どもが，ふと不安感や危機を感じた時に養育者のもとへ戻るのが下半分である。養育者は安全な避難場所として子どもを受け止め，不安な気持ちを落ち着かせるのが役目である。そして，安全基地で心の揺れを整えてもらい安心感を補充した子どもは，再び探索行動に出る。

　子どもは日々，この輪を廻りながら探索と安全感の回復の経験を積み重ね，その蓄積が「自分は価値ある存在で，他者は信じるに値する存在である」という主観的確信であるアタッチメントの内的作業モデル（Internal Working Model：IWM）を形成する。

図12-5 ストレンジ・シチュエーション・プロシジャー（SSP）

出所：繁多進（1987）『愛着の発達——母と子の心の結びつき』大日
本図書。

（2）アタッチメントの個人差

エインズワース（M. D. S. Ainsworth）は乳幼児のアタッチメントの個人差を
測定する**ストレンジ・シチュエーション法**（SSP）を考案した（図12-5）。親
子の観察から子どものアタッチメントを安定型（Bタイプ），回避型（Aタイプ），
アンビバレント型（Cタイプ）の3つのタイプに分けた。後の研究でどれにも
当てはまらない無秩序・無方向型（Dタイプ）も見出されている（図12-6）。

これらの個人差の要因は主に親の養育行動の違いと考えられている。子ども

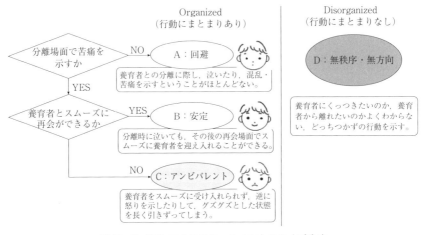

図12−6　SSP によるアタッチメントのタイプ分け

出所：遠藤利彦（2017）『赤ちゃんの発達とアタッチメント──乳児保育で大切にしたいこと』ひとなる書房より筆者作成。

が発するサインに対して親が敏感に応答しているかが子どものアタッチメント・パターンを形成すると考えられている。

（3）アタッチメントを育む

　アタッチメントの発達は4段階に分けられる（図12−7）。生後間もなくは誰にでも愛着を示していた乳児も，日々の世話を受ける体験から徐々に養育者をアタッチメント対象とみなすようになる。6か月頃には見知らぬ人には人見知り（8か月不安）を示す一方，養育者のもとへは自分から近づき安心感を得るようになる。そして養育者を安全基地として探索行動に出るようになる。さらに3歳以降は，表象能力が発達するため近くに養育者がいなくても心の中の養育者イメージ（内的作業モデル）をたよりに自分で情動調整ができるようになる。たとえば，子どもは母親が帰ってくるまで我慢して待とうと，母親表象をたよりに自分の気持ちと行動を調節できるようになる。

（4）心の理論とメンタライゼーション

　心の理論（theory of mind）とは自己や他者の行動の背景にある心の状態（意

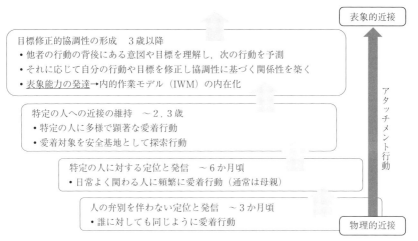

図 12-7　アタッチメントの発達

出所：筆者作成。

図・信念・知識・欲求・感情など）を推定して理解することである。たとえば泣いている友だちを見て「悲しんでいる」と想像する心の働きは，相手の行動や立場を理解する社会性の発達につながる。子どもの心の理論の発達は，誤信念課題（サリー・アン課題など）により，幼児期後半に獲得する子どもが増えることが知られている。

　一方，フォナギーは（P. Fonagy）は自分や他者の心に注意を向けて考えるプロセスをメンタライゼーションと名づけた。養育者が子どもの行動の背後にある心の状態に関心を向け，その気持ちを推測しながら適切に応答することは，子どもの健全なメンタライジング能力とともに，安定的なアタッチメントや心の理論も育てる。相手はこういう気持ちなのか，ああいう気持ちなのか……と一緒に考えるメンタライゼーションを用いた支援は，アタッチメント障害の子どもや境界性人格障害の大人に対しても有効である。

4　道徳性の発達

　子育てに関する調査では，思いやりのあるやさしい子に育ってほしい，善悪

の判断やルールが守れる子に育ってほしいという回答を多く目にする。道徳性の育成や思いやりの育成に対する社会的な期待は高いといえるであろう。本節では，道徳性の発達から思いやりの発達，さらにこれらに関連する共感性の発達について学修する。

（1）ピアジェの認知発達理論

　ピアジェは，マーブル（おはじき）・ゲームを利用した研究から，子どもの道徳性は，「他律的」から「自律的」へ発達することを明らかとした（表12-2）。
　また，彼は，「過失」「盗み」「虚言」などの話を子どもに示し，それらの話に対する反応を分析して，子どもの道徳判断には2つの型があることを明らかとした。一つは行動の動機よりも物理的結果を判断の理由として使用する「結果論的判断」であり，もう一つは物理的結果よりも行動の動機を判断の理由として使用する「動機論的判断」である。6歳以下の子どもには課題が難しかったが，7歳以上の子どもでは両者の判断理由を使用することができ，特に前者は7歳，後者は9歳の子どもに使用頻度が多くみられた。10歳以降の子どもが前者の判断を使用することはなかった。

（2）コールバーグの認知発達理論

　コールバーグ（L. Kohlberg）は，ピアジェの道徳性の研究を基礎として，より発展させた道徳性の発達段階を示した。道徳性の発達段階を調べるために，道徳的な葛藤を起こさせる話（ジレンマ物語）を子どもたちに示し，話の主人公の行動と，その行動の理由を尋ねた。
　彼は，10歳から16歳の子どもを対象とした研究の結果から，3水準6段階から成る発達段階を明らかにした。この3つの水準は，前慣習的水準から後慣習的水準（表12-3）へと発達し，ピアジェの他律的道徳性と自律的道徳性は前慣習的水準に含まれている。

（3）役割取得能力

　相手の立場になり，相手の気持ちを考えることができることは，道徳心や思

表12-2　ピアジェによる2種類の道徳性

| 他律的道徳性 | 7，8歳以下の子どもの特徴で，規則や命令は与えられるもので，変えることはできないと考える。 |
| 自律的道徳性 | 11，12歳以降の子どもの特徴で，規則は社会的相互作用の結果生まれるもので，変えることができると考える。 |

出所：マッセン，P.・アイゼンバーグ，N.／菊池章夫訳（1980）『思いやりの発達心理』金子書房をもとに筆者作成。

表12-3　コールバーグによる道徳性発達の3つの水準

前慣習的水準	警察に逮捕されたり刑務所に入れられたりするかどうか，その刑罰は苦しいかどうかなど，罰に対する恐れ，自分の快・不快や損得に言及する。
慣習的水準	家族からの非難や，世間の人がどう思うか，あるいは今ある社会秩序を壊すことなにならないかどうかなど，非難・不名誉・社会秩序を破壊する恐れなどに言及する。
後慣習的水準	自分自身の良心の規準に従っているかどうか，現在ある法や社会体制は人間の尊厳や正義にかなっているかどうか，もしかなっていないのなら法などの改正も考えようとするなど，良心・正義・人間の尊厳などの原理に言及する。

出所：井上健治・久保ゆかり編（1997）『子どもの社会的発達』東京大学出版会をもとに筆者作成。

いやりの心の発達には欠かせない能力であると考えられる。**役割取得能力**とは，「相手の立場に立って心情を推しはかり，自分の考えや気持ちと同等に他者の考えや気持ちを受け入れ，調整し，対人交渉に生かす能力」と定義されている[2]。この能力は，コールバーグの認知発達理論や次項で取り上げる向社会的行動の発達の中でも重要な能力の一つと考えられている。

　役割取得能力についての理論と発達段階を提唱したのはセルマン（R. L. Selman）である。彼はコールバーグと同様に，道徳的な葛藤を起こさせる物語（ジレンマ物語）を示し，その物語に対する回答から社会的視点取得能力を測定し，5つの発達段階を示した（表12-4）。

（4）向社会的行動

　「思いやり」の研究は，1980年代に入り，**向社会的行動**の研究として行われてきた。向社会的行動とは，反社会的行動（非行や犯罪など，社会的約束を破ったり規則に反したりする行動）の対語として考えられている。アイゼンバーグ（N. Eisenberg）によると，向社会的行動とは「援助行動や，分与行動，他人を慰め

表 12-4 役割取得能力の発達段階

段階 0：未分化で自己中心的な役割取得（約 3 ～ 6 歳）
他者の単純な感情を理解できるが，自己の視点と他者の視点を，時として混同する。他者が自分と違った見方をしていることがわからない。
段階 1：分化と主観的な役割取得（約 5 ～ 9 歳）
他者の思考や感情が自分とは異なることに気づく。しかし，この段階の子どもは他者の感情や思考を主観的に判断して，他者の視点に立って考えることができない。
段階 2：自己内省的／二人称と二者相互の役割取得（約 7 ～ 12 歳）
他者の視点に立って自分自身の思考や感情を内省できる。しかし，双方の視点を考慮し，関係づけることはできない。
段階 3：三人称と相互的役割取得（約 10 ～ 15 歳）
それぞれの個人が自己と相手を対象としてみることができる。そして第三者の視点から自己と他者の思考や感情を調整できる。
段階 4：広範囲の慣習的－象徴的役割取得（約 12 歳～大人）
自己の視点を社会全体や集団全体をみる視点と関連づけることができる。

出所：日本道徳性心理学研究会編（1992）『道徳性心理学──道徳教育のための心理学』北大路書房をもとに筆者作成。

る行動といった他者に利益となるようなことを意図してなされる自発的な行動」と定義されている。

　彼女は幼稚園児から大学生を対象とした研究の結果から，向社会的道徳判断の発達段階を明らかにした（表 12-5）。向社会的道徳判断とは，向社会的な行動が要求される葛藤場面を示し，提示された場面によって誘発される道徳的な判断（理由づけ）を指す。

　思いやりのあるやさしい子どもに育てるためには子どもの周りにいる大人がどのように接すればよいのか，ここでは平井を参考にして考えてみる。

　まず，子どもが自分の気持ちを受け止めてくれる経験をしていることが必要である。そのためには，養育者が子どもの立場に立って，子どもの気持ちを汲み，子どもの気持ちを受け止めることが求められる。次に，困っている相手の気持ちに気づかせることである。大人を困らせるようなことをした時に，叱らずに情緒的に訴えることによって，困っている相手の気持ちに気づくようになる。その他，お手伝いや動物の飼育のような経験も有効であり，大人同士も「思い

表 12 - 5　向社会的道徳判断の発達段階

レベル1：快楽主義的・自己焦点的指向（小学校入学前および小学校低学年で優勢な様相）
道徳的な配慮よりも，自分に向けられた結果に関心を持っている。他者を助けるか助けないかの理由は，自分に直接得るものがあるかどうか，将来お返しがあるかどうか，自分が必要としたり好きだったりする相手かどうか（感情的な結びつきのため），といったことによる。
レベル2：要求に目を向けた指向（小学校入学前および多くの小学生で優勢な様相）
たとえ他者の要求が自分の要求と相対立するものでも，他者の身体的物理的，心理的要求に関心を示す。この関心は，ごく単純なことばで表明されるもので，自分のことを考えたうえでの役割取得，同情をことばによって表わすこと，罪責感のような内面化された感情への言及，といった形跡ははっきりみられない。
レベル3：承認および対人的指向，あるいは紋切り型指向（小学生の一部と中・高校生で優勢な様相）
よい人・悪い人，よい行動・悪い行動についての紋切り型のイメージ，他者からの承認や受容を考慮することが，向社会的行動をするかどうかの理由として用いられる。
レベル4a：自己反省的な共感指向（小学校高学年の少数と多くの中・高校生で優勢な様相）
判断は，自己反省的な同情的応答や役割取得，他者の人間性への配慮，人の行為の結果について罪責感やポジティブな感情などを含んでいる。
レベル4b：移行段階（中・高校生の少数とそれ以上の年齢の者で優勢な様相）
助けたり助けなかったりする理由は，内面化された価値や規範，義務および責任を含んでおり，より大きな社会の条件，あるいは他者の権利や尊厳を守る必要性への言及を含んでいる。しかし，これらの考えは明確に強く述べられるわけではない。
レベル5：強く内面化された段階（中・高校生の少数だけに優勢な様相で，小学生にはまったくみられない）
助けたり助けなかったりする理由は，内面化された価値や規範，責任性，個人的および社会的に契約した義務を守ったり社会の条件をよくしたりする願望，すべての個人の尊厳，権利および平等についての信念にもとづいている。自分自身の価値や受容した規範に従って生きることにより，自尊心を保つことにかかわるプラスあるいはマイナスの感情も，この段階の特徴である。

出所：アイゼンバーグ, N./二宮克美ほか訳（1995）『思いやりのある子どもたち——向社会的行動の発達心理』北大路書房をもとに筆者作成。

やり」をもって接することによって，子どもは大人の様子を見て「思いやり」の心を学び，大人をモデルとして「思いやり」の心を身につけていくと考えられる。

（5）共感性

　共感性は，これまでの各項で取り上げてきた，道徳性，役割取得能力，向社会的行動のいずれにも関連する重要な概念である。共感性には，他者の考えや視点を理解するという認知的要素と，他者と同じ感情を共有するという情動的要素とがあると考えられており，これら2つの要素のどちらを強調するかによって定義も様々である。本項ではホフマン（M. L. Hoffman）による共感性の発達理論を紹介する。

　彼は道徳性の発達を，個人的欲求（個人の利己的欲求）と社会的義務（社会の道徳的基準）との葛藤を，義務，権威，規範など外的な基準から処理する段階（他者統制）から，それらの基準を自分の中に取り入れ，自らの内的な基準によって処理する段階（自己統制）への移行と考えた。道徳的内面化を進め，他者統制から自己統制へと発達させるために，親のしつけ，特に誘導的なしつけが重要な役割を果たすと思われる。

注
⑴　中川信子（1998）『健診とことばの相談――1歳6か月児健診と3歳児健診を中心に』ぶどう社。
⑵　日本道徳性心理学研究会編（1992）『道徳性心理学――道徳教育のための心理学』北大路書房。
⑶　アイゼンバーグ，N.／二宮克美ほか訳（1995）『思いやりのある子どもたち――向社会的行動の発達心理』北大路書房。
⑷　平井信義（1999）『スキンシップで心が育つ』企画室。

参考文献
遠藤利彦（2017）『赤ちゃんの発達とアタッチメント――乳児保育で大切にしたいこと』ひとなる書房。

学習課題
①　ピアジェの認知発達論から幼児期の認知の特徴についてまとめてみよう。
②　子どものアタッチメントを育てるために支援者はどのような点に気をつけて関わるとよいだろうか。考えてみよう。

③　向社会的行動の具体例を書き出してみよう。

④　思いやりの心や，やさしい心を育てるためには，あなたなら子どもたちに対して
どのような態度で接しますか。保育園児・幼稚園児，小学生，中学生，高校生の各
年齢に分けて考えてみよう。

～～～ コラム4　認定こども園の仕事と心理学 ～～～

　わたしは幼保連携型認定こども園で保育教諭として勤務しています。保育教諭は，身体的発達や知的発達とともに，ヒトとして大切な心理的発達課題を獲得中の乳幼児と同じ空間で過ごします。毎日，子どもの成長の瞬間に立ち会えるので他の仕事にはない魅力があります。一方で，現在進行形で育ちゆく乳幼児が相手なので，個別性がある中での複雑で多面的な対応を普段の何気ない場面で求められる難しさもあります。ヒトの生涯の中の一部である乳幼児期では，愛着（J. ボウルビィ）を構築することが重要です。この時期の養育者との関係により，基本的信頼感や自己肯定感が育まれます。これを土台に，子ども自らが環境に関わるようになり，学びへの意欲や生きる力の根源ともなる力動的なコンピテンス（R. W. ホワイト）にもつながっていきます。このことから，保育教諭は子どもの姿をしっかりと捉え，愛着を確実なものにしていく必要があります。また保育教諭は，常に流動的で偶発的な場面の中で，目の前の子どもが，今，心身のどの発達段階にいて，どこに興味・関心があるのかということを的確に把握し，対応します。発達には順序があるので，物の永続性（J. ピアジェ）を獲得前の子どもに「いないいないばぁ」をしても喜ばないし，心の理論を獲得前の子どもに相手の立場に立って考えるように言っても通じません。障碍などでアウトプットが苦手な子どもに表出の仕方を説明しても伝わりません。保育教諭が一人ひとりの子どもを理解し，その子どもにとって応答的で相互的な心の通うやりとりをすることで子どもは安心し，人との関係を深めていきます。わたしは確かな子ども理解をするために記録もとります。できるだけ自然に，そして客観的に子どものありのままの動きや態度を観察し，言葉や表情，子ども同士の関わりなどを細部まで記録します。その客観的事実をもとに，子どもの特性，心性，発達全般などを1つずつ分析します。必要に応じて，子どもの背景も考慮します。分析した後は，子どもが主体的・自発的にあそび，感動的な経験ができるように物的環境を再構成したり，自分自身も人的環境として子どもへの援助の方法を変えたりしながら教育・保育を展開します。そして子どもと関わる際は，子どもと同じ目の高さで，笑顔や優しい言葉などの温かい雰囲気でふれあいます。子どもたちが安心して心を開き，十分に自己表現できるように，積極的傾聴，自己一致，共感的理解，無条件での肯定的関心（C. ロジャース）の姿勢を意識して関わるようにしています。

　一保育教諭として，心身の発達過程や障碍特性の知識をもち，子どもの視点に真に寄り添った働きかけをすることが，一人ひとりを大切にした教育・保育につながり，子どもたちの自己実現の第一歩になっていると思います。

第IV部

心のトラブルと快復

── イントロダクション ──

　誰しも心のトラブルを経験する可能性がある。たとえば福祉や医療現場で働く専門職は，トラウマの心理的支援とともに自身のトラウマの双方の可能性を考えておかなければならない。第IV部では，不適応およびストレスの定義，ストレス反応の仕組みに加えて，バーンアウト，トラウマ，依存症の特性を知るとともに，レジリエンスおよびSOC（首尾一貫感覚）を高めることの重要性を理解し，心のトラブルへの包括的な対応とそれを踏まえた心理支援の必要性について考えてほしい。

第13章

心のトラブルと不適応の理論

1 不適応の理論

人間の欲求に基づく行動が，何らかの妨害要因（ストレッサー）によって阻止されている状態を**欲求不満**という。人がこのような欲求不満を解消し，適応を維持するためにとる行動を「**適応の機制**」という。「適応の機制」は大別すると，①攻撃，②逃避，③防衛機制の３つに分けられる。欲求不満への最も直接的な反応は障害への攻撃である。また，欲求不満を引き起こしている問題（障害）から逃れることは逃避である。さらに多くの場合，人は欲求不満を攻撃や逃避とは異なる方法で解消し，もとの目標に少しでも近づこうとする。この行動のことを，アンナ・フロイト（A. Freud）は，「**防衛機制**」という用語を用いて説明した。防衛機制は，抑圧，合理化，反動形成，補償，投影（投射），同一化（同一視），昇華，置き換え，退行，知性化，転換の10種類に分類される（昇華と置き換えは同一の種類とされる）。以下にその内容を紹介する。

①　抑圧

アンナ・フロイトの父であるジグムント・フロイト（S. Freud）が提唱した精神分析論の考え方では防衛機制の中の最も基本的なものであり，自我を守るために性の欲求（苦痛な感情・記憶・欲求）を無意識の世界へと押しやることをいう。

②　合理化

失敗の理由を自分にとって都合のよい理屈をつけて正当化することである。

③　反動形成

人に知られたくない感情などを隠すために，本心とは反対の言動をとることである。反動とは，ある力が働く時，それとは逆向きに働く力のことである。

④　補償

自らの劣等感や阻止された欲求を原動力に，それを直接的に克服したり（直接補償），別の方面で才能を発揮し高い評価を得ることで（間接補償），劣等感と折り合いをつけることである。

⑤　投影（投射）

自分が認められない自分の感情などを他人に見出して攻撃すること。嫌いな人は，実は自分自身が認められなかった部分（あるいは本当は自分がしたいこと）をもつ人かもしれない。

⑥　同一化（同一視）

自分が理想にしている他者を自分と同一にみなし，その人の行動などを真似することで満足することである。

⑦　昇華

反社会的な欲求や感情を，社会的に受け入れられる方向へ置き換えることである。

⑧　置き換え

欲求が阻止された場合，要求水準を下げることで満足することである。

⑨　退行

現在の発達段階より下の発達段階に逆戻りして，未熟な言動を行うことで，幼児期への逃避のことである。

⑩　知性化

不安に思うことを知性的に考えることで不安を軽減させることである。

⑪　転換

不満や葛藤が身体症状として現れることである。

2　ストレス理論

　わたしたちは「**ストレス**」という言葉を「明日の試験が（わたしには）ストレスである」といった使い方をする。この「ストレス」は，正確には「**ストレッサー**」とするのが正しい。いずれも元々は工学用語からきている。たとえば，大きな力が物体にかかると物体は変形する（図13-1）。この大きな力がストレッサーであり，物体の変化は「**ストレス反応**」である。現代社会でストレス反応とされているものの多くは心理社会的ストレスが大半であるが，実際には外界からの刺激はすべてストレスとなり得る。たとえば人間が生きている環境には音や光が不可欠であるが，この音も騒音と呼ばれるレベルとなるとストレスとなり得るだろうし，光も強すぎる光はストレスとなることがあるだろう。

　人にとってストレッサーを受けた時の行動は本能的なものと考えられており，「逃げる」か「闘う」かの二択である。これはよくサバンナにいる動物がどのように行動するかにたとえられる。サバンナの真ん中で自分より強い動物が来た時，生き残るためには逃げるか闘うかしかないというものである。したがって，このような状況の場合，瞬時に動けなければ具合が悪いわけで，ストレスが負荷された時，**自律神経機能**の交感神経機能が副交感神経機能よりも優位となるという体の働きの切り替えはこの原理で説明されることもある。交感神経機能により血圧や心拍は上昇し，消化は抑制されることが知られている。いざ逃げる！　という段にゆっくりと食べたものを消化していては逃げる方にエネルギーを集中できないであろうから，原理の説明としては理にかなっているといえる。

　ストレッサーに暴露された後のストレス反応としては**セリエ**（H. Selye）[1]の理論が知られている。反応を3つの段階に分け，警告反応期（急性期），抵抗期（数時間～数日の継続），疲弊期（長時間続く）とし，ストレッサーに個体が暴露された直後は，いったんショック反応を受けるがその後，それに拮抗する力が働いていき，長期間その状態が持続すると疲弊し抵抗反応が起こらなくなるというものである。これをセリエは，**汎適応症候群**と総称した。今日での急性ス

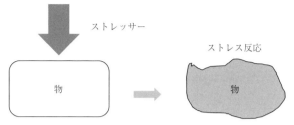

図 13-1　ストレッサーとストレス反応の関係
出所：筆者作成。

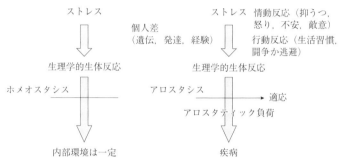

図 13-2　ホメオスタシスとアロスタシス
出所：マッキュイン，ベルナール，キャノンらの理論をもとに筆者作成。

トレス障害や心的外傷後ストレス障害等の反応の一部はこの理論で説明できるかもしれないが，ストレッサーとストレス反応の関係は受け手の特性にもかなり依存しており，同じ量同じストレッサーを暴露しても同様の反応が出るとは限らない。この一部は，マッキュイン（B. S. McEwen）らの**アロスタシス**という概念で説明できるかもしれない。アロスタシスを**ホメオスタシス**というベルナール（C. Bernard），キャノン（W. B. Cannon）の概念を比べると図 13-2 のようになる。ストレッサーが負荷され，その生理学的生体反応が起こっても体のメカニズムにより元に戻ろうとするため，内部環境は一定に保たれる。これがホメオスタシスである。この内部環境の破綻は疾病につながるとは考えられてきたが，マッキュインらは，そこには個人差（遺伝，発達，経験等）や情動反応の表出の仕方（抑うつ，怒り，不安，敵意等）や行動反応（生活習慣，闘争か逃走か等）が影響しており，そういった様々な影響を含めてアロスタティック負荷が

一定を超えると疾病につながるという理論を提唱している。この「個人差」は一種の「コーピング（ストレス対処）」といっても差支えないと考えられ，ストレス・コーピングの理論としてはラザルス（R. S. Lazars）らの認知的評価と対処の概念が有名であるが，これはある出来事に対する個人の認知がストレス反応に影響し，それに対する認知的評価が個人の対処行動やストレス反応の表出程度を決定するというものである。

　これらのことを総合すると目の前のストレスを抱えた人に対して支援を行う時，もしくは自分自身がストレスを抱えた時に，一義的な対応では難しいということが理解できるであろう。多くの場合ストレッサーそのものを取り除くことは難しいと考えられる。したがって，ストレッサーが何であるかをとらえるだけでは問題は解決しない。場合によっては，その人の背景にある要因として，日々の習慣といったものも視野に入れ対応することが必要となると考えられる。

3　燃え尽き症候群

　燃え尽き症候群は**バーンアウト症候群**もしくは**バーンアウト**と称されることもあるが，それまで一つの物事に没頭していた人が心身の極度の疲労により意欲を失い，社会に適応できなくなることである。[(2)]様々な職種・職業でみられるが，医療・福祉職，教師，その他対人サービス業で多く認められる。北岡は[(3)]バーンアウトは1970年代に登場し，人々の仕事上の経験について非常に重大なものととらえているが，それは今日でも変わらないと述べている。当初は，「人を相手に仕事をする人々に起こり得る心身疲弊感，非人間化，個人的達成感の低下という症候群である」とされたが，1980年代後半までには，対人サービス以外の分野で働く労働者にも同じ現象が起こることが認識され始め，1990年代には「人が自分がしている仕事の価値を冷ややかに見，仕事を遂行する自分の能力について疑念を抱いている疲弊した状態」という定義に修正された。[(4)]バーンアウトは，元々は，フロインデンバーガー（H. J. Freudenberger）が用いた造語（北岡は比喩語という表現をしている）で，燃え尽き症候群はバーンアウトシンドロームの日本語訳である。その後，マスラーク（C. Maslach）が提唱し

た「MBI：Maslach Burnout Inventory」が今日最もよく用いられている重症度判定の質問である。また近年は感情労働といった概念との関連との報告も多く，一方でワーク・エンゲイジメント等働き甲斐といった概念との関連も報告されている。感情労働は，ホックシールド（A. R. Hochschild）が提唱した概念で，職業に応じた適切／不適切とされる「感情規則」の存在のもと，それに合わせた感情の管理が労働者に求められる労働のことであり，労働者は意識的・無意識的に職務ごとに決定されている感情規則から逸脱しないように自身の感情をコントロールしているというもので，ワーク・エンゲイジメントは，バーンアウトの対概念とされている。

　バーンアウト研究で報告例が多いのは対人支援業務やサービス業務で，教育，医療，看護，福祉現場での報告が多い。たとえば教師のバーンアウト研究は多方面（職務に関する，学校組織や教職の特性，個人的要因，ソーシャルサポート等）にわたる研究が行われている。長谷によると職場（学校）のストレス要因には職場の特性と教師文化や近年の学校への過大な要求や業務の多様化，保護者対応の難しさ等の今日的な傾向等が含まれ，それに加え，他の職業同様に仕事以外の要因や個人的要因があり，一方で緩衝要因は疎外要因にもなり得るとしている。寶田は，職務満足度を高める要因とバーンアウトを引き起こす要因は共通項目が抽出され，職務満足度が高くなるような職場の体制や環境にしていくことがバーンアウトを防ぐ可能性を示唆している。衛藤は，対人サービス業務の職場でバーンアウト・ハイリスク者をサポートし，バーンアウトに陥った職員を早期に発見し，対応することで少しずつではあるが，メンタル不調者の割合が改善している例を示している。

　バーンアウトは自然に回復するものではなく，感情面のケアが必要であり，対人サービス職場で，仕事熱心で責任感が強く，完璧主義で，献身的かつ自己犠牲をいとわない職員ほどバーンアウトを起こしやすいとされており，自ら進んで感情労働を選ぶ人は，人間好き，世話好き，人を助けたいと思う人が多く，自分の役割に過剰適応し，仕事とプライベートの時間の区別がなくなりやすいとされている。北村らは，共感経験尺度を用いた研究において，同情的な認知症介護職職員は，ケアへの自己評価が高く，バーンアウトしにくいが，共感の

できる職員は自己評価が中庸であり，特に認知症や情報の少ない人のケアについてその難しさをよく認識し，バーンアウト傾向は同情的な職員よりも高かったと報告している。認知症のケアのように共感が不可欠な業務で，それを継続的に行うことができる職員は長続きしないという実態から，「相手の立場を尊重する」「寄り添う」「理解する」という理念教育や介護過程の教育以前に「相手の立場を完全に理解することはそもそもできないこと」「介護過程によってもわからないことが多くあること」を明確に介護職に伝えることが，質の良い共感ができる介護職員のバーンアウト予防につながる可能性があるとしている。専門職では往々にして「できて当たり前」という風潮が強く，患者・利用者やその家族の感情に直面する医療者や支援者の感情の管理についてわざわざ言及しなかった側面も指摘されている。[11]

　島津は，組織対策は，仕事の要求度─資源モデルという「動機づけプロセス」と「健康障害プロセス」の2つで構成されていると説明している。従来の[12]メンタルヘルス対策では，「健康障害プロセス」に注目し，仕事の要求度によって生じたストレス反応（バーンアウト）を低減させ，健康障害を防ぐことに専念していたが，健康的な職場づくりでは，「仕事の資源」の向上にも注目する必要性を明らかにしている。この仕事の資源とは，仕事のコントロールや上司・同僚からの支援のように，労働者の動機づけや仕事のパフォーマンスを促進し，ストレス反応の低減につながる組織内の有形・無形の要因のことを指し，個人の資源とは，自己効力感や自尊心，楽観性，レジリエンスなどが該当する。どちらかだけが重要ということではなく，両者は相互に関係があり，双方を高める施策が組織には重要と述べている。

　医療・福祉・教育の現場は人員が足りていないことも多いうえ，専門職の集団であるので「この人にしかできない」方法や「この人にしかできない」仕事といった方向性になりやすく，組織での動きが難しい面が今後の課題となるだろう。

4　トラウマ

　トラウマ（心的外傷）とは心の傷であり，目には見えないが，その後持続的に負の影響を及ぼす。アメリカ精神医学会の作成する『精神疾患の診断・統計マニュアル』(Diagnostic and Statistical Manual of Mental Disorders：DMS) の第 5 版，DSM-5 におけるトラウマ的出来事とは，実際には危うく死ぬ，あるいは，重傷を負うほどの出来事であるか，性的暴行であると定義されている。DSM-Ⅲ (1980) より，疾病単位として外傷後ストレス障害 (posttraumatic stress disorder：PTSD) が現れ，その後改正が加えられ現在の DSM-5 に至るが，トラウマ出来事の定義は，感情的側面が扱われるのは例外で客観的に観測可能であるという点に比重が置かれている。これは，トラウマ出来事が本人にとってのインパクトというよりは，客観的にみてその出来事がトラウマ体験であるかどうかが診断基準では重視されているということであり，先行研究にはこの基準に合致しない類似の症状の報告事例がみられる。日本においては，2000年代ぐらいから PTSD をはじめとするトラウマ関連障害に関する社会的関心や社会的認知が高まったとされており，これは，奥尻島地震，雲仙普賢岳噴火災害，地下鉄サリン事件，阪神淡路大震災，ペルー日本大使公邸人質占拠事件，和歌山カレー毒物混入事件等において，事件に巻き込まれた人間の心理が重要視されることになったことが背景にあると考えられている。こういった大規模災害や突発的な事故や事件に巻き込まれたという事例だけでなく，家庭内暴力や児童虐待においても同様の反応や症状を呈することが知られている。ただ，これらのトラウマの定義は先にも述べたように客観主義であり，他人の目にとっては些細なことでも本人の衝撃が強ければトラウマとみなすのではなく，あくまで予期しない強度の恐怖によって一種の生態防御反応としてこういった状態が引き起こされているとみなすということが重要である。一方で個人に深刻な影響を及ぼす可能性のある出来事の属性は回避不能，解決不能，長期反復，自己コントロール感剥奪であると考えられている。診断基準はあくまでも診断基準であり，目の前に支援をしなければならない対象者がいて心理的ケアが必要で

あると判断される場合，当事者の主観的認識も考慮する必要があるとされている。このあたりの見解は専門家によっても分かれるところであり，また精神科医なのか心理的ケアにあたる専門家であるのかによっても意見が異なり議論のある点であることは念頭に置くべきである。

　DSM-5 によれば PTSD の症状は侵入症状（トラウマを想起させる刺激により引き起こされる強烈な苦悩や身体反応），回避（トラウマを想起したり関連するものを避ける行動や態度），否定的認知・気分（トラウマに関連する重要なことが思い出せなかったり，感情麻痺が起こり，重要な活動への関心がなくなり孤立する），過覚醒（攻撃的な行動や自己破壊的な行動や過剰な警戒心や驚愕反応，集中困難や睡眠障害等の発生）であるとされている。トラウマ体験直後には一過性の比較的軽度の心身の変調が生じ，その一部は，急性ストレス障害を起こし，一部が PTSD となる。遷延化する例はさらに少なく，長期的にはアルコール薬物依存，自殺等の社会的不適応につながる可能性がある。近年ではトラウマの治療に関する症例も増えてきており，適切な心理的な介入が回復に寄与する可能性が出てきている。また脳の機能のどこに変化が起きるか等についても解明が進んでいる[17]。特に子どものトラウマに関しては脳の発達とも関連があるとされており，影響を受けやすい時期があること[18]から脳の特定の部分の正常な発達をトラウマによって損なう可能性が示唆されている。児童に対して日常的に心理的支援が必要な現場は，児童相談所や児童養護施設，病院，学校等が考えられる。児童の心理的支援が必要な現場では場合に応じて児童を対象とした心理療法や遊戯療法，認知行動療法（Cognitive behavioral therapy：CBT），トラウマフォーカスト認知行動療法等が必要とされるが，これのみに固執するのではなく，他の職員と協働して生活全体を援助的・支援的にコーディネートすることが求められるとされている[19]。また，PTSD と発達障害が併存する割合が被災地で被災地以外より多いという報告も認められる[20]。

　福祉や医療現場で働く専門職はトラウマの心理的支援と自身のトラウマの双方の可能性を考えておかなければならない。まず，心理的支援の方から述べる。PTSD の大半は自然回復するが，その一部に予後不良のものがあるため早期に治療する必要がある。しかしながらその治療法はまだ明確ではなく，早期症

状に動悸などの自律神経性の不安症状があるとか，性格が関連するなどの報告もあるが，どういった対象が予後不良になりやすいかのスクリーニングは難しい。特に大規模災害直後等は，支援者自身も被災していたりすることも多く，その段階で早期に介入することは難しい可能性もある。このような場合は，CBTの理論に基づいた対応行動の教育などが考案されている。早期の治療で有望とされているものにはCBTと薬物療法がある。近年，児童虐待や性的被害者に対してもCBTが有効であるという報告が得られている。一方で，トラウマに関わる支援者がトラウマに対処する必要性が高まっている。トラウマに関わる支援者が「トラウマに特化した実証された効果的な心理療法」の回復メカニズムを知り，技術を習得することが重要であり，普及には今なお課題があるものの教育プログラムに組み込んで大学生や大学院生に教える試みも始まっている。一方で大規模災害後，事件・事故の現場を目撃した支援職のPTSDというものも報告されている。心理的支援をする者が消防士や救急隊，医師，看護師のように事故・事件現場の最前線に出動することは少ないかもしれないが，先にも述べたように災害後等は自身が被災者である可能性もあり，また，共感疲労や共感ストレスといった二次的心的障害の体験が考えられる。したがって，近年では支援者向けのプログラムも開発されている。また，大規模災害後の対応は一時的な支援ではなく中長期的な視点での援助が必要であることも念頭に置く必要がある。

　トラウマ事例に関しては，社会的な関心も高く，目の前の当事者だけに向き合えば終わりでないケースも多いと考えられている。メディア対策や行政への助言を含めた環境調整を行っていく必要がある。

5　依存性

　依存症とは，特定の対象に対して「やめたくてもやめられない，ほどほどにできない」といった自分自身でコントロールできない状態をいう。その対象となる物質や行為等には「**依存性**」があり，物質を摂取もしくは行為をせずにはいられない，またその物質が体内からなくなると禁断症状が出る，その行為を

行わないと禁断症状が出るといった状態が「**依存症**」であるといえる。依存性という言葉を使う，心理支援の領域と関連のあるものに DSM-5 では「依存性パーソナリティー障害」という診断名があるが，これは，自分で自分をみることができると考えておらず，服従することで他者に自分の世話をしてもらおうとするといった症状を呈するというものである。ただ，本節では心理的支援等に関連する用語としての「依存性」の項目であることから，主に依存性を生じる状態である「依存症」について取り上げる。

　依存症のうち対象物質に対する依存症は代表的なものに「アルコール」「薬物」「タバコ」がある。薬物の中には禁止薬物も含むが，処方される薬物の中にも依存性のあるとされている薬物がある。対象行為に対する依存症の代表的なものには「性行為」「ギャンブル」「ゲーム」等があるが，その他にも SNS（Social Network Service）やスマートフォン等の依存症もあるとされている。この中で，DSM もしくは国際疾病分類（International Classification of Diseases and Related Health Problems：ICD）において疾病とみなされているものは，アルコールや覚醒剤等の何らかの物質による物質関連障害，ギャンブル障害，インターネットゲーム障害である。

　厚生労働省の2016（平成28）年度精神保健福祉資料によると，依存症の患者数はアルコール依存症で外来9万5579人，入院約2万5606人，薬物依存症の患者数で外来6458人，入院1431人，ギャンブル等依存症の患者数は外来2929人，入院261人である。また，実際の患者数よりも潜在患者数が非常に多いとも考えられており（アルコール依存症の推計値は約57万人，ギャンブル等依存が疑われる者の推計値は約70万人），医療や福祉にアクセスできていないことも問題視されている。2014（平成26）年版総務省情報通信白書によれば，ネット依存傾向が高いものは，日本全体で8.2%，10～20代では13.1%，スマートフォン所有者では11.8%に達する。日本において依存症に対する対策がなされているのは，アルコール依存症（アルコール健康障害対策基本法の施行等），薬物依存症（薬物使用等の罪を犯した者に対する刑の一部の執行猶予に関する法律の施行等），ギャンブル等依存症（ギャンブル等依存症対策基本法の施行等）である。いずれも薬物療法だけで治療することは難しく，心理療法や集団療法等との併用が有効であるとさ

れているが，完治は難しく，回復（アルコールであれば断酒，量を減らすだけでなく一滴も飲まないことを継続する）があるのみである。しかしながら，いったん回復しても再発する可能性が高いことも知られている。また，当事者は，自分が依存症になっているという認識がないケースがほとんどで，アルコールであれば他の内科疾患を理由に受診する，もしくは家族や職場の上司に言われていやいや受診することが多い。これはアルコールに限らずギャンブル依存症等でも同様であるとされており，いったん脳にできた報酬系回路が消えることがないためと考えられている。したがって，一生かけて向き合っていかなければならない場合も多く，自助グループの活動が有効であることも知られている。特にアルコール依存症に関する自助活動 Alcoholics Anonymous や断酒会は有名である。物質を絶った場合の禁断症状は苦しみを伴うことが知られており，家族をはじめとする身近な人の協力が本来は欠かせないが，依存症のために社会や家族と断絶しているケースも多い。心理的支援はそういった点も念頭に置き，社会資源の活用や関係機関との連携も含めての対応が求められる。

　一方で，脳内の変容を中心とした科学的解明が比較的進んだ分野でもある。アルコールをはじめとして依存症形成に共通して重要と考えられているのは脳内の報酬系回路といわれる中脳腹側被蓋野から側坐核に投射するドーパミン神経系の活性化であり，側坐核におけるドーパミンの有利により快の情動が生じ，さらに嗜好物を求め，摂取する誘因や再摂取する動機づけが依存を形成すると考えられており，アルコール依存症においては，このメカニズムを利用した治療薬が日本においてもアルコール依存症患者の飲酒量の低減に適応されている。

　一口に依存症といってもたとえばタバコ，ニコチン依存症により家族から見放されているケースや社会から制裁を受けることは少ないかもしれない。また，ニコチン依存症などは患者要件を満たせば健康保険による禁煙治療の対象となりその成績も向上してきている。しかしながら，アルコール依存症・薬物依存症・ギャンブル等依存症は，その行動により家族や社会から断絶していることや家族が困っているケースがある。たとえば禁断症状により家族に暴力を働いたり，傷害事件を起こしたりといったケース，借金の返済を迫られているケース等もある。近年は禁止薬物所持・使用で逮捕された場合，刑事罰と同時に治

療を受けさせ更生・社会復帰の道を探ることが認識されつつあるが，日本において薬物依存症についての理解が十分であるとはいえない。ギャンブル依存症はアルコール等の物質関連障害と酷似した心理過程を示す一群がいることも報告されているが，ギャンブル依存症者の支援とアルコール依存症との差異の検討も必要ではないかという議論がある。また，福祉の支援職においてもアルコール依存症者をはじめとするアディクション（嗜癖）問題を抱える人々への支援については十分な知識が備わっていないという議論もある。依存症は「心が弱いからなるのである」「我慢が足りないのではないか」「病気ではない」といった風潮が当事者やその家族を苦しめるといったことも覚えておかなければならない。

　また，依存症による二次障害もしくは併存疾患の可能性も知っておくべきである。たとえばひきこもりと依存症がセットになっているケースや，依存症とうつ病，睡眠障害等の精神疾患が併存しているケース，ADHD等の発達障害と依存症が併存している報告等がある。

　これまでの日本での患者数はアルコール依存症が多かったが，今後はギャンブル障害やインターネットゲーム障害も増加が考えられる。ギャンブルに関しては日本においてはその大半が「パチンコ」に対する依存症であるとされているが，2018（平成30）年に特定複合観光施設区域整備法案が成立し，カジノが本格的に営業されるとまた違った問題が大きくなるかもしれない。またインターネットゲーム障害も診断がつくことによって今後は対応が増えていくと考えられる。心理的支援を行う場合，社会の動向によって対応する対象が変化するため，それに伴って新しい知識を身につける必要が求められるであろう。

注
⑴　Selye, H. (1936) "A syndrome produced by diverse nocuous agents," *Nature*, 138, p. 32.
⑵　厚生労働省e-ヘルスネット「バーンアウトのシンドローム」（https://www.e-healthnet.mhlw.go.jp/information/dictionary/exercise/ys-047.html　2020年10月22日閲覧）。

(3)　北岡和代（2017）「バーンアウトの概念変遷——どこからきて，どこへ行こうとしているのか」『Journal of Wellness and Health Care』41（1），1〜11頁。

(4)　(3)と同じ。

(5)　長谷守紘（2014）「中学校教師が直面する生徒指導上の危機とそのサポート——「教師バーンアウト」の研究動向からみえる現状と課題」『名古屋大学大学院教育発達科学研究科紀要　心理発達科学』61，115〜121頁。

(6)　竇田玲子（2014）「ヒューマンサービス分野における対人援助職の職務満足とバーンアウトに影響する要因について——文献レビューより」『関西福祉科学大学紀要』18，1〜14頁。

(7)　衛藤進吉（2013）「対人サービス業務でのメンタルヘルス」『日本農村医学雑誌』61（6），840〜853頁。

(8)　(7)と同じ。

(9)　北村世都（2013）「認知症高齢者を支える人々の心理的理解と支援——後方支援者としての心理職にできること」『広島大学大学院心理臨床教育研究センター紀要』2，12〜17頁。

(10)　角田豊（1994）「共感経験尺度改訂版（EESR）の作成と共感性の類型化の試み」『教育心理学研究』42（2），193〜200頁。

(11)　山上実紀（2012）「感情と労働——医師の感情に焦点をあてる意義」『日本プライマリ・ケア連合学会誌』35（4），306〜310頁。

(12)　島津明人（2017）「健康でいきいきと働くために——ワーク・エンゲイジメントに注目した組織と個人の活性化」『心身健康科学』13（1），20〜22頁。

(13)　織戸宜子・小曽根基裕（2015）「女性のライフサイクルとトラウマ——医療者に何ができるか　トラウマ症例を混じえて」『女性心身医学』19（3），239〜242頁。

(14)　池田龍也・岡本佑子・森田修平（2013）「トラウマと心の傷に関する研究の動向と展望——何が人を傷つけ苦しめるのか」『広島大学心理学研究』13，91〜105頁。

(15)　金吉晴（2003）「心的トラウマと精神医学」『医療』57（4），231〜236頁。

(16)　(14)と同じ。

(17)　友田明美（2020）「不適切な生育環境に関する脳科学研究」『日本ペインクリニック学会誌』27（1），1〜7頁。

(18)　Anderson, S. L. et al. (2008) "Preliminary evidence for sensitive periods in the effect of childhood sexual abuse on regional brain development," *The Journal of Neuropsychiatry and Clinical Neurosciences*, 20 (3), pp. 292-301.

(19)　島田正亮（2020）「福祉分野から——児童虐待の現状と公認心理師の役割」『杏林医学会雑誌』51（1），35〜38頁。

(20)　八木淳子（2017）「子どものトラウマ関連障害の治療——東日本大震災中長期のいわてこどもケアセンターにおける実践から」『児童青年精神医学とその近接領域』

58（5），94〜101頁。

⑵　⒂と同じ。

⑵　亀岡智美（2017）「性的虐待を受けた子どもへのトラウマ治療」『児童青年精神医学とその近接領域』58（5），74〜78頁。

⑵　⒆と同じ。

⑵　吉田博美ほか（2019）「トラウマインフォームド・ケア実践のための教育プログラム——初学者・支援者双方の再トラウマを予防し，安心で安全なトラウマ臨床教育の工夫」『武蔵野大学心理臨床センター紀要』19，69〜82頁。

⑵　宇佐美しおり（2018）「熊本地震での看護職に対する PTSR・うつ状態悪化防止及び離職予防プログラム」『日本森田療法学会雑誌』29，51〜55頁。

⑵　狐塚貴博・熊倉志乃（2017）「危機支援におけるリソースの活用——東日本大震災における被災者支援活動の実践から」『コミュニティ心理学研究』21（1），37〜40頁。

⑵　尾口昌康（2014）「精神科病院におけるアルコール依存症者の治療」『別府大学紀要』55，227〜234頁。

⑵　中田喜一（2019）「ギャンブル依存症対策における精神保健福祉学の課題——精神保健福祉士養成課程テキストから見えるギャンブル依存症者の自己決定観に関する試論」『神戸医療福祉大学紀要』20（1），81〜93頁。

⑵　大木雄太（2020）「飲酒量低減薬ナルメフェンの薬理学的特徴——アルコール依存症とオピオイド受容体」『日本薬理学雑誌』155（3），145〜148頁。

⑶　⑵と同じ。

⑶　⑵と同じ。

⑶　徳丸亨（2019）「公認心理師制度とコミュニティ心理支援」『コミュニティ心理学研究』22（2），78〜83頁。

⑶　⑵と同じ。

⑶　松本俊彦（2018）「人はなぜ依存症になるのか——子どもの薬物乱用」『児童青年心理学とその近接領域』59（3），278〜282頁。

⑶　根來秀樹（2018）「注意欠陥・多動症（ADHD）と依存症」『児童青年精神医学とその近接領域』59（1），46〜48頁。

⑶　⑵と同じ。

参考文献

澤口聡子・加茂登志子（2018）「トラウマケアの臨床における幾つかの留意事項について」『日本衛生学雑誌』73，57〜61頁。

下山晴彦編（2018）『誠信心理学辞典　新版』誠信書房，371〜373頁。

無藤隆ほか（2018）『心理学　新版』有斐閣，214〜217頁。

学習課題

① ストレスを抱えた人に福祉や心理の現場で支援を行う時，どういった観点を取り入れ対処すべきか考えてみよう。

② バーンアウトしないために福祉や心理の現場でどのような支援が可能かについて考えてみよう。

③ トラウマを抱えた人に福祉や心理の現場で支援を行う時，どういったことに留意すべきであるか考えてみよう。

④ 依存症を抱えた人の心理療法で注意すべき点について，自分で事例を設定して考えてみよう。

第 14 章

心の健康

1 レジリエンス

(1) レジリエンスとは

　わたしたちは誰でもストレスフルな出来事に遭遇し，心理的に傷つきながら生きている。特に規模の大きいストレスフルな出来事として，アメリカの9.11同時多発テロ，阪神淡路大震災，東日本大震災と原発事故などの重大な事件や災害，さらには新型コロナウイルス感染症のパンデミック等が挙げられる。これらの事件や災害では多くの人々が生命の危険にさらされたり，生活の基盤の破壊や変化を余儀なくされたりして，深く重篤な傷つきを経験した。このような重大な事件や災害に遭遇しなくても，家族との離別や死別，学校でのいじめ体験，事故やけが・病気などの個人的な体験によるストレスも精神的なダメージをもたらす。

　しかし，それらのストレスフルな出来事によるダメージを受け，「心が折れた」などと言いながらも，出来事や逆境に打ちのめされずに，うまく対処し立ち直っていくことができることが多い。このような，人々のもつ困難な状況から立ち直る精神的な回復力をレジリエンス（resilience）という。

　ストレスに対して精神的ダメージを受けず「傷つかない心の強さ」という意味ではないことに注意が必要である。ストレスに対して傷ついてしまう弱さがあっても，そこから立ち直る回復力がレジリエンスである。

　レジリエンスという語はイギリスで使い始められ，オックスフォード英語辞

典では「曲げる，伸ばされる，つぶされるなどの後に，もとの形状に弾力的に
戻る能力」「困難な状況に耐え，素早く回復する能力」とされている。現在，
アメリカ心理学会では「レジリエンスは逆境，心的外傷体験，悲惨な出来事，
脅威などの重大なストレスにうまく適応する過程のことである。重大なストレ
スの具体例として，家族をはじめとする人間関係の問題，重大な健康問題，職
業や経済的なストレスが挙げられる。つまり，レジリエンスとは，困難な体験
からの回復を意味する」と定義している[1]。

（2）レジリエンスの高い人の特徴

　アメリカでは1970年代からレジリエンスの研究が始まっているが，最も重要
な研究はハワイ州カウアイ島の子どもたちを対象にした調査研究[2]である。この
研究はカウアイ島で1955年に生まれた698名の子どもたちを対象に身体と知的
発達に注目して40年間追跡調査を行ったものである。698名の子どものうち210
名が貧困家庭に生まれ，経済的困難，親の離婚や精神疾患，暴力，家庭内不和
など複合的なハイリスク状態で育ち，何らかの問題をもっても不思議ではない
環境であった。このような過酷な環境で育った子どもの3分の2は精神疾患や
アルコール・ドラッグ問題，犯罪などの社会的に問題を抱える大人になった。
しかし，一方，残り3分の1の子どもたちは，同じようなハイリスクな環境で
育ちながらも社会に適応した健全な大人に成長したのである。

　この研究では，こうした長期間にわたる強いストレスを経験しても，それを
乗り越え適応している子どもたちがもっている力は何なのか，きっと共通した
特徴があるはずだと考え，そこからレジリエンス，つまり，回復力という考え
方が導き出された。そして，彼らの共通点として以下の要因が見出された。ま
ず，個人要因として，①楽観的，積極的，明るいという気質，②実用的な問題
解決能力，③何らかの「強み」があり自信があること。家庭要因として，①他
者（祖父母や叔父・叔母など）と親密な絆を結ぶ力，②規律正しい生活。コミュ
ニティ内の要因として，地域や学校でのサポートがあること。これらの要因が
レジリエンスを導くと考えられた[3]。

　注目すべきことは，重大なストレスからの回復は個人のもつ資質や能力だけ

では決まらず，周囲の環境や人間関係，サポートといった外的要因の影響も大きいということである。

　一方，わが国のレジリエンス研究では，小塩ら[4]がレジリエンスの高い人の個人要因として①肯定的な未来志向，②感情の調整，③興味や関心の多様性，④忍耐力の4つを，外的要因として①ソーシャルサポート，②親子関係を指摘し，これらの要因がレジリエンスを導く特性とした。

　これらのレジリエンスを導く要因の中にはもって生まれた遺伝的・生物的要因（資質的要因）と，後天的に学習，獲得できる要因（獲得的要因）があることを平野[5]は指摘し，資質的要因の多い人と少ない人に対しては異なるアプローチが必要であると考え，個人差に応じたサポートを行うことが大事であることを主張した。

　以上のように，レジリエンスは生涯にわたり，それぞれの発達段階に応じて環境要因に影響を受けながら育まれるものであるといえる。つまり，資質的にレジリエンスが低くても，学習し身につけることができるのであるから，重大なストレス下で苦しんでいる人の支援においては，対象者がもっている資質的なレジリエンス要因への気づきを促すとともに，レジリエンスを高めることを目的とした心理的支援や介入が可能であり有効ということになる。

（3）レジリエンスを高めるために

　わたしたちは人生において様々な深刻なストレスを経験する。こうした困難な体験をすると，人は誰しも傷つきダメージを受ける。レジリエンスが高くてもダメージを受けないわけではない。しかし，この逆境を通して自分の置かれた環境や体験をとらえ直し，自己理解や意味づけをし，家庭や学校などの社会資源をうまく活用したりしながら，逆境に向き合い立ち直っていく。このような経験を通して，自分の感情をコントロールしたり，問題を分析・解決できるようになったり，自信がもてたり，他人に共感したり信じられたりするようになる。

　現在では，レジリエンスを高めるためのプログラムは教育現場，企業，コミュニティなど様々なところで展開されている。アメリカ心理学会のホーム

ページにはレジリエンスを高める10の方法が示されており，石垣が抄訳している⁽⁶⁾
ので紹介しておく。①人間関係を構築すること，②危機は乗り越えられない
問題として考えないこと，③変えられない状況を受容すること，④目標を立て
て，それに向けて進むこと，⑤断固とした行動をとること，⑥自己発見の機会
を探すこと，⑦肯定的な視点を涵養すること，⑧長期的な視点を維持すること，
⑨希望的な見通しを維持すること，⑩自分自身を大切にすること。

　「レジリエンス」とは逆境からの精神的な回復力であり，もって生まれた資
質の要素もあるが，発達段階に応じて学習し高めることができる。レジリエン
スを育むことで逆境や困難に負けない，しなやかな心の強さをもち，自分らし
い充実した人生を歩むことができる。

2　SOC（首尾一貫感覚）

（1）健康生成論とSOC

　SOC（Sense of Coherence：首尾一貫感覚）は1970年代にユダヤ系アメリカ人
の社会学者アントノフスキー（A. Antonovsky）が提唱した健康生成論から導か
れた概念である。アントノフスキーはイスラエルに住む様々な民族の女性を対
象として更年期への適応を研究していた。分析していた集団の一つが第二次世
界大戦時に16〜25歳であった女性たちであったが，彼女たちのうちユダヤ人強
制収容所への収容体験があるグループとないグループに分けて心身の健康状態
を比較した。その結果，強制収容所への収容体験があるグループでは健康状態
不良が70％，良好が30％，一方，収容体験のないグループでは健康状態不良は
50％，良好が50％と強制収容所への収容体験のあるグループで明らかに健康状
態不良が多かった。この結果から，従来の医学的な見方をすれば「強制収容所
での体験は更年期にまでにわたって健康に悪影響を及ぼす」「強制収容所での
体験が健康状態不良の原因である」というように結論づけるであろう。ところ
が，アントノフスキーは強制収容所での想像を絶する悲惨な体験があるにもか
かわらず，そのトラウマを乗り越えて良好な健康状態を維持できた人が30％も
いることに注目した。そして，この30％の人たちに共通する「健康を保持し増

進する特性」について研究し，「健康生成論」という考え方と，SOC という健康を保持し増進する特性を導き出した。[7]

　病気の発症のメカニズムに注目し，病気にならないように予防し，病気になってしまったらいかに早期発見し，治療するかという従来型の医学的アプローチはもちろん大切である。しかし，この病気に焦点を当てた従来型の医学的アプローチだけでなく，何があれば健康になれるのかと健康に焦点を当てた健康生成論的なアプローチもまた必要である。この健康生成論の考え方は心理学分野ではポジティブ心理学の中で，人がもつネガティブな面に着目して，それをなくすことよりもポジティブな面に着目して，それを伸ばしていくというアプローチにつながっている。[8]

（2）SOC とは

　生きていれば誰でもつらい出来事に遭遇し，健康が破綻するくらいのダメージを受けることがある。そうした健康を破綻させる力よりも，健康に向かわせる力が大きければ，健康状態を維持することができる。この健康に向かわせる力の中心となるのが SOC である。原語に対してぴったりとした日本語がなく，「首尾一貫感覚」と訳されるが，微妙なニュアンスの違いがあるため「SOC」と呼ばれている。SOC は "sense" とつくように感覚であり，世の中に対する見方や向き合い方に関する感覚である。具体的にはアントノフスキーにより次のように定義されている。「その人にしみわたった，ダイナミックではあるが維持する確信の感覚によって表現される世界（生活世界）規模の志向性のことである。それは①自分の内外で生じる環境刺激は，秩序付けられた予測と説明が可能なものであるという確信（把握可能感），②その刺激がもたらす要求に対応するための資源はいつでも得られるという確信（処理可能感），③そうした要求は挑戦であり，心身を投入しかかわるに値するという確信（有意味感），からなる」[9]。定義が難解なので，蛯名の定義を紹介すると[10]「"人生で起こるさまざまな出来事を一貫して捉え，状況を理解・予測し，周りの助けを得ながらうまく対処し，日々の営みへのやりがいや生きる意味を見出すことができる" といった，その人の生活世界に対する信頼や人生への向き合い方のことである」。

SOC が高いとストレスに負けず心の健康が良好で，人生に満足している人が多いことがわかっている。さらに SOC が将来の心身の健康状態を予測するものであるとも考えられている。したがって，SOC を高めることの重要性が特に心の健康分野で強調されている。

（3）SOC の構成要素（3つの感覚）

SOC は以下の3つの感覚から構成されている[11]。

① 把握可能感（Sense of Comprehensibility）

把握可能感とは「自分の置かれている状況を理解できている，または今後の状況がある程度予測できる」と思える感覚である。たとえば，受験に失敗した時，把握可能感が低いと「あんなに勉強したのに。どうしよう」と混乱し，どうしたらよいのかわからず，途方に暮れやすくなる。しかし，この感覚が高いと，「面接試験の時に用意した答え以外の質問がきてパニックになったのが悪かった。次は面接の練習に力を入れよう」と現状や今後の見通しが立てられると感じ，落ち着くことができる。

② 処理可能感（Sense of Manageability）

困難やストレスに直面しても，それを処理するために必要なものをもっているし助けてくれる人もいるから，なんとかなると思える感覚である。受験に失敗したという例では，役立つ情報をくれる先生や気持ちを慰めてくれる家族などの資源があれば「みんなが助けてくれるし，きっとなんとかなる」と思えて追い詰められにくくなる。

③ 有意味感（Sense of Meaningfulness）

ストレスをもたらす出来事を「これは自分にとっての挑戦だ」「これを乗り越えることは人生に必要なことだ」と信じて日々の営みへのやりがいや生きる意味を見出せる感覚を有意味感と呼ぶ。この感覚が高いと，困難やストレスに遭遇した時にも諦めずに生きていける。困難が起きた時には，それを乗り越えていこうという気持ちになることが大切で，この動機づけとなる感覚が有意味感である。

（4）SOC を高める 3 つの良質な人生経験

　SOC を構成する感覚は人生においてどのような経験を積めば高まるのかに関して，下記の 3 つの良質な経験が重要であるとされている[12]。

　①　一貫性

　家庭や学校，職場などの環境において，規則や価値観などが明確で一貫性があること。そのような環境で生活する経験があると把握可能感が高まる。たとえば，大学で成績評価のルールが不明確で教員の気分によって単位がもらえたり，もらえなかったりというような一貫性のない状況だと，どういう基準で合格できたりできなかったりするかがわからず，見通しがつかないため不安な学生生活を送ることになる。成績評価の基準が明確であれば，たとえば「課題を毎回期限までに提出していれば合格できるだろう」という見通しもつき安心して勉強に取り組める。自分のいる世界は安心できるという確信がもてるような一貫した環境の中で生活することが把握可能感を育むうえで重要である。

　②　適度なストレス

　ストレスというと悪いものととらえがちだが，適度なストレスは SOC を高めるには必要なものである。「ストレスは人生のスパイス」と言った生理学者のセリエ（H. Selye）は「ストレスがあるからわたしたちは人生を豊かにしていくことができる」と主張している。過剰なストレスは健康を害し困難をもたらすが，ストレスが過小でも，スパイスのかかっていないステーキが味気ないように，退屈で成長の機会もない。ストレスをうまく調整し，自分にとって対処可能な程度のレベルのストレスとし，それに対処できた経験が生きるうえでの力になり，特に対処可能感を高めることにつながる。

　③　結果形成への参加経験

　自分にとって大事なことや価値のあることをするのかしないのかを決める際に，自身に発言権が認められなかったり，発言が軽視されたりすると，やる気が起こらないのは当然である。逆に，自分の発言が認められて，決定に取り入れられればやる気が起こる。このように，意思決定の場に参加し，自分の意見が正当に評価されるという経験が特に有意味感を高める。

（5）SOC とレジリエンスの違い

　この2つの概念の共通点は，高ストレス下で，うまく適応したり成長したりする人に共通する特性に注目し，健康を維持したり高めたりするメカニズムを説明する概念であるということである。相違点としては，レジリエンスは逆境に遭遇していることが不可欠だが，SOC は特に逆境があることは必須ではないということである。

　健康を維持し増進させる特性としての SOC は，生まれつきのものではなく，一生を通じて生活の中で育まれ，困難なストレス状況にうまく対処できた経験によって高めることができる。

注
(1)　石垣琢磨（2017）「レジリエンス」『臨床心理学』17（5），603〜606頁。
(2)　Werner, E. E. & Smith, R. S. (1982) *Vulnerable but invincible : A longitudinal study of resilient children and youth,* McGraw-Hill.
(3)　蛯名玲子（2016）『「生き抜く力」の育て方——逆境を成長につなげるために』大修館書店。
(4)　小塩真司ほか（2002）「ネガティブな出来事からの立ち直りを導く心理的特性——精神的回復力尺度の作成」『カウンセリング研究』35，57〜65頁。
(5)　平野真理（2015）『レジリエンスは身につけられるか——個人差に応じた心のサポートのために』東京大学出版会。
(6)　(1)と同じ。
(7)　蛯名玲子（2012）『困難を乗り越える力——はじめての SOC』PHP 研究所。
(8)　(7)と同じ。
(9)　アントノフスキー，A／山崎嘉比・吉井清子監訳（2001）『健康の謎を解く——ストレス対処と健康保持のメカニズム』有信堂高文社。
(10)　(7)と同じ。
(11)　蛯名玲子（2016）『「生き抜く力」の育て方——逆境を成長につなげるために』大修館書店。
(12)　(11)と同じ。

学習課題
①　レジリエンスや SOC を向上させる要素を挙げてみよう。
②　①で挙げた要素を向上させることで，レジリエンスや SOC を高めることができ
　ますが，具体的にはどのようなことを意識したり行動したりすればよいでしょうか。
　取り上げた要素ごとに考えてみよう。

～～ コラム5　地域でのソーシャルワーク実践と心理学 ～～

　わたしは，もともとカウンセラーに興味があり大学へ進学しました。社会に出てから
は，介護老人保健施設での支援相談員，地域包括支援センターでの社会福祉士，回復期
病院での医療ソーシャルワーカー（MSW）と様々な現場でソーシャルワーカーとして
の経験を積みました。

　回復期病院でMSWとして働いていた2011年3月11日に東日本大震災が発生しました。
同年7月には宮城県石巻市へ行き，ボランティアとして数日間，避難所での支援活動を
行いました。避難されておられた方々のお話を聴き，ニーズに合わせて行政サービスや
福祉サービスへの調整を行うボランティアでした。しかし，土地勘がない，言葉がわか
らない（高齢の方が多く，方言の理解ができなかった）など，いろいろな要素が重なり
合い，十分に話を聴くことができたという感覚がまったくありませんでした。現地の悲
惨な状況を目の当たりにし，ソーシャルワークを実践するにはその土地で生活するのが
望ましいのではないかと考え，「このままでは，ダメだ。少し長く関わりたい」と，
2013年4月に大阪を離れ，宮城県石巻市へ居を移しました。転居後は，在宅被災者の方
や仮設住宅にお住まいの方へ訪問活動（アウトリーチ）を行い，行政手続きや経済的な
課題，メンタルケア，生活再建へ向けての支援，地元の支援者や外部からの支援者と協
働し，支援活動をさせていただきました。約4年間，被災地で，地域で活動するソー
シャルワーカーとしての経験を積みました。

　東日本大震災後の復興支援として活動したこの4年間は，児童心理や高齢者の心理，
「共感」や「沈黙」の重要性など大学で学んだ心理学が特に役立ったと思います。また，
大切な人やものを失った方の中には，メンタルケアが必要な方も多くいらっしゃいまし
た。自分が学んできた最大限の力で支援をしたつもりですが，「この対応が正しいの
か？」「他の声かけもあったのではないか？」など自問することばかりで，4年後大阪
へ戻ってからはグリーフケアについての学びを深めました。

　今振り返って，大学で学んだ知識をもとに現場で実践を重ねてきたからこそ，傾聴の
姿勢や面談技術に幅や深みが出てくるのだと感じています。そして，学んだ知識をもと
に現場で実践を重ね，傾聴の姿勢や面談技術に幅や深みが出てくるのだと感じています。
相談援助には「完成」「完璧」はありません。しかし，わたしはできる限り，出逢った
方に寄り添える支援，前を向いてもらえる支援，より良い時間を過ごしていただける支
援につなげたいと考えています。大学で学んだことを基礎に日々，実践と振り返り，挑
戦の連続です。

第 Ⅴ 部

心を測り・心を支える

─── イントロダクション ───

　第Ⅴ部では，個人個人の心をどのようにとらえ，支援していくの
か，様々なアセスメントの方法と心理療法について学ぶ。心理アセ
スメントの目的を理解するためには，現状理解にとどまらない根拠
のある介入を考えるためのものであること，そして，様々な心理ア
セスメントが心を知るための共通のものさしであることについても
意識しなければならない。そのうえで，実際の生活における課題に
取り組み，その人のウェルビーイングを高めるよう働きかける必要
があること，そして心理療法はそのためのものであることを理解し
てほしい。

第15章

心を測る

1 心理アセスメントの目的と方法

　「アセスメント」の和訳には「査定」や「見立て」があてられるが，心理ア
セスメントの内容としては心理検査（心理テスト）を思い浮かべる読者が多い
のではないだろうか。たしかに心理アセスメントにおいて，心理検査は重要な
役割を果たす。しかし，実際の心理アセスメントの多くの部分は，面接や観察
の中で得られた言語的・非言語的情報に基づいて行われる。心理検査の最中に
は，患者・利用者・クライエント（以下，この3つをまとめてクライエントとする）
も今まさに自分がアセスメントされていることを意識するが，通常の面接の中
でなされるコミュニケーションの中でも心理アセスメントは行われているので
ある。
　下山は心理アセスメントを「臨床心理学的援助を必要とする事例について，
その人格や状況，および規定因に関する情報を系統的に収集，分析し，その結
果を統合して事例への介入方針を決定するための作業仮説を生成する過程」と
定義している。「系統的に収集，分析し」という言葉があるように，心理アセ
スメントでは様々な情報を筋道立てて収集し分析する。そして，どのような介
入をしたらどのような効果が得られるのかを予測する（作業仮説を生成する）の
である。たとえば車が故障した時，とりあえず車をあちこち叩いてみたり，古
そうな部品を交換したりするのが適切な方法ではないのは誰の目にも明らかで
あろう。車の状態を目や耳で確認したり専門的な機器を使ったりして把握し，

症状のメカニズムを特定した後，どのような修理をすればよいのかアセスメントする能力が自動車修理の専門家には求められる。これと同じように，心理的支援の場面でも綿密な心理アセスメントを行い根拠のある介入を考えることが求められる。

　ここで重ねて強調すると，心理アセスメントの目的は単なる現状理解ではなく，それに基づいて根拠のある介入を考えることも含む。「この人の状態はこうである」「ここがこのように悪い」という現状理解は自己満足感をもたらしてくれるかもしれないが，それだけでは役に立たない。問題を引き起こしているメカニズムを推測し，いかなる介入や援助をしていけばよいのかを考えるのが心理アセスメントの目的である。介入まで考えるというと，変化を引き起こすための積極的な働きかけをしなければならないと考えてしまいがちであるが，援助のあり方には受容的に話を聞くことも含まれる。たとえば，かわいがっていたペットが急死して動揺しており，何も手につかないクライエントに対しては，今すぐに悲しみを乗り越える方法をあれこれと助言するよりも，まずはその悲しみを受け止めて共有することが必要かもしれない。このように，クライエントの状態を把握し，それに合わせて介入や援助の方針を考えていくことが心理アセスメントの要である。

　基本的な心理アセスメントは初期の段階で行われるが，心理アセスメントは一回きりのものではなく，何らかの形で継続的に行われる。クライエントの状態は日々変化するし，面接を重ねて初めてわかってくることも多いためである。作業仮説を立てて介入してみたものの，その仮説通りにいかなかったということも実際にはしばしば起こる。したがって，クライエントの現状理解や作業仮説もそれに合わせて修正していく必要がある。

　心理アセスメント全体のおおまかな流れは図15-1に示した通りである。情報を集めて仮説を生成し，その仮説を検証した結果から新たな課題を見つけることを繰り返していくのであるが，これは科学的研究の方法と同じである。

　表15-1は心理アセスメントを行う際に収集する情報の例である。ただし，これらはあくまで例であり，必ず尋ねなければならないというわけではない。困りごとと関係のなさそうな情報を収集するのは非効率的であり，クライエン

図15-1 心理アセスメントの流れ

出所：筆者作成。

表15-1 心理アセスメントを通じて収集される情報の例

デモグラフィック	年齢，性別，居住地，教育歴，職業，婚姻状態
困りごとの内容	問題の具体的内容，問題が生じた時期，きっかけ，今までに試みた対処とその結果
生育歴	重要な出来事や問題，家族関係，友人関係，家庭の経済状態，親の離婚や再婚の有無，家族の病歴，虐待や不適切なしつけ，過保護の有無，子どもの頃のパーソナリティ
現在の家庭状況	家族構成，家族関係，子どもの様子，家族の健康状態
健康状態	身体的な健康状態，既往歴，使用している薬，飲酒・喫煙習慣，運動習慣
心理的側面	パーソナリティ，精神症状，言語能力・知的能力，職場や近所の人との関係
動機づけ	カウンセリングへの動機づけの高さ，どのような期待をもって来談したか
ポジティブな資源	趣味，特技，好きなもの，身近にいる頼れる人や支援機関，その他のポジティブな事柄

出所：筆者作成。

トに不要な負担を強いることにもなるので，実際の心理アセスメントでは重要度の高い情報をピックアップして収集することになる。どのような情報を重視すべきなのかは，クライエントの状態の他，施設・機関によっても異なる。たとえば，高齢者の多い施設では，身体的な健康状態の他，認知症やせん妄，抑うつなどの情報は重要であろう。

　必要な情報だからといって無神経にプライベートなことを聞き出そうとするのは問題であるが，慎重になりすぎて何も聞けなくなってしまうのも問題であ

る。「話せる範囲でかまわないのですが……」「これは○○のために必要な情報なのですが……」のように，クライエントに同意を求めたり理由を説明しながら情報収集するのが基本である。また，初学者は情報を収集しようとするあまり，取り調べのような一問一答型のコミュニケーションに陥りやすいが，そうではなく，自然なコミュニケーションの中で情報を収集する技術も必要である。

　上述したことと関係するが，心理アセスメントは人と人との関わりの中で行われるため，ラポール（信頼関係）が形成されていることは極めて重要である。そのためには，クライエントを尊重したりクライエントの語りに積極的に耳を傾けるといった基本的態度が求められる。これは当然のことではあるが，日々の臨床の中で実践し続けるのはそれほど簡単ではない。たとえば，認知症の高齢者は物盗られ**妄想**を語ることがあるが，施設で働いているとこのようなことは日常茶飯事なので，なおざりな対応をしがちである。しかし，そのような時でも妄想を真っ向から否定したりクライエントを無視したりせず，冷静に妄想のアセスメントを行う。そして，妄想の背景には**不安**があるという仮説を立てた場合は，クライエントが落ち着いている時に不安をもたらすもの（あまり仲の良くない息子夫婦と同居するようになったとか，経済的に不安があるなど）を聞き取り，その不安を解消する方法を考えるなどの対応をとる。

　心理検査を行う必要がある時には，必ず事前にクライエントや（未成年の場合には）保護者に説明を行って同意を得る，すなわち**インフォームド・コンセント**を得なければならない。心理検査の結果には心理状態が影響するので，クライエントがリラックスして検査を受けられるよう環境を整えることも重要である。

　心理的支援の現場には様々な問題が持ち込まれるので，中には自分の専門外あるいは自分の能力を超えた問題もある。たとえば，「最近記憶力が落ちた気がするので認知症の検査をしてほしい」というクライエントが来談したとする。初回面接で記憶力が落ちたと思った理由や具体的な出来事などを詳しく聞いてみると，認知症ではなく**強迫性障害**が疑われるケースがある（鍵がかかっているか心配で何回も確認してしまう確認強迫の場合，鍵をかけた記憶があいまいになっていることが多く，クライエントは自身の記憶に問題があると思っていることがある）。こ

の時，もしも強迫性障害に対応できる者がいなければ他の機関を紹介することになる。また，妄想を呈していると**統合失調症**や認知症を疑いがちであるが，実際には脳腫瘍などの命に関わる疾患が原因である可能性もあり，それを見逃してはならない。このように，クライエントの訴えや表面的な症状から推測される疾患と実際の疾患は食い違うこともあるので，心理アセスメントを行う者には高度な知識と経験が必要になる。

2　心理検査を用いた心理アセスメント

　ある人を見た時，100人いれば100通りの見方ができる。「あの人は語彙力が高いが，そそっかしくて誤字や脱字が多い」とか「最近，わたしは物忘れがひどい気がする」という時，ある程度はそのイメージを他の人と共有できるかもしれないが，細かな部分ではとらえ方にかなり個人差があるだろう。そのため，心を知るための共通のものさしがあると便利である。心理検査はその共通のものさしとしての役割を担う。表15‐2に示したのは，福祉分野で用いられることの多い心理検査の例を目的別に分類したものである。ただし，これはとりあえずの分類であり，実際には複数の分類にまたがる心理検査もある。たとえば，**コース立方体組み合わせテスト**は，認知症や認知症の手前の状態である**軽度認知障害**（MCI）の検査によく使われるため神経心理学的検査／認知機能検査に分類してあるが，知能検査／発達検査として用いられることもある。

　検査の具体的な使用例としては，「最近，わたしは物忘れがひどい気がする」という場合には，WMS‐R を用いることで，記憶障害という直接目には見えない症状を，目に見える数字という形にして測定し，その情報を他の人と共有できるようになる。治療やリハビリを行っている場合，得点の変化を記録すれば，その効果を把握することもできる。日常生活に支障をきたしているような物忘れであれば認知症を疑うが，認知症のスクリーニング検査としてはHDS‐R や MMSE が使用されることが多い。HDS‐R は9項目（30点満点）で構成され，20点以下で認知症の疑い，MMSE は11項目（30点満点）で構成され，23点以下で認知症の疑いがあるとされる。ただし，スクリーニング検査の結果

表15-2　福祉分野で使用される検査の例

パーソナリティ検査（質問紙法）	MMPI，新版 TEGⅢ，YG 性格検査，PIL
パーソナリティ検査（投影法）	ロールシャッハテスト，PF スタディ，TAT，バウムテスト
パーソナリティ検査（作業検査法）	内田・クレペリン精神作業検査
健康度のアセスメント	CMI 健康調査票，GHQ 精神健康調査票
知能検査／発達検査	ウェクスラー式知能検査（WPPSI-Ⅲ，WISC-Ⅳ，WAIS-Ⅳ），ビネー式知能検査（田中ビネー知能検査Ⅴ），K-ABCⅡ，新版K式発達検査，Bayley-Ⅲ乳幼児発達検査，遠城寺式乳幼児分析的発達検査，絵画語い発達検査（PVT-R），グッドイナフ人物画知能検査（DAM）
自閉スペクトラム症（ASD）のアセスメント	小児自閉症評価尺度（CARS），親面接式自閉スペクトラム症評定尺度（PARS-TR），自閉症スペクトラム指数（AQ）
注意欠如・多動症（ADHD）のアセスメント	ADHD-RS，Conners 3，CAARS
限局性学習症（SLD）のアセスメント	LDI-R，ITPA 言語学習能力診断検査
認知症のスクリーニング検査	MMSE，長谷川式簡易知能評価スケール（HDS-R）
神経心理学的検査／認知機能検査	臨床認知症尺度（CDR），ウェクスラー記憶検査（WMS-R），ベントン視覚記銘検査，コース立方体組み合わせテスト，神経行動認知状態検査（COGNISTAT），ベンダー・ゲシュタルトテスト，WAB 失語症検査

出所：筆者作成。

だけでは認知症とは断定できず，他の疾患と鑑別することが極めて重要である。たとえば，うつ病やせん妄によって一時的な認知機能の低下が生じる場合が高齢者には多いし，正常圧水頭症による認知症など，治療によって改善可能な認知症もあるため，これらの可能性についても慎重に検討しなければならない。少し変わった例では，前述したような強迫性障害が背後に隠れている場合もある。これらを検査できる設備や医師がいない場合には専門機関を紹介し受診してもらうことになる。

　こうした精神疾患の診断の手続きは非常に複雑であるので，心を測定するのに心理検査が共通のものさしとして便利であるように，精神疾患を診断するの

表 15 - 3　認知症の診断基準（DSM-5）

A．1つ以上の認知領域（複雑性注意，遂行機能，学習および記憶，言語，知覚—運動，社会的認知）において，以前の行為水準から有意な認知の低下があるという証拠が以下に基づいている： ⑴　本人，本人をよく知る情報提供者，または臨床家による，有意な認知機能の低下があったという概念，および ⑵　標準化された神経心理学的検査によって，それがなければ他の定量化された臨床的評価によって記録された，実質的な認知行為の障害
B．毎日の活動において，認知欠損が自立を阻害する（すなわち，最低限，料金を支払う，内服薬を管理するなどの，複雑な手段的日常生活動作に援助を必要とする）
C．その認知欠損は，せん妄の状況でのみ起こるものではない
D．その認知欠損は，他の精神疾患によってうまく説明されない（例：うつ病，統合失調症）

出所：American Psychiatric Association (2013) *Diagnostic and statistical manual of mental disorders*, 5th ed.（＝高橋三郎・大野裕監訳（2014）『DSM-5　精神疾患の診断・統計マニュアル』医学書院）をもとに筆者作成。

にも共通の基準があった方が便利である。そこで，アメリカ精神医学会は**精神疾患の診断と統計のマニュアル（DSM）**を作成し，約15年おきに大幅に改定している。2022年現在の最新版は第5版（DSM-5）で，日本でも広く用いられている。DSM が真に正しい診断基準を示しているのかについては賛否両論あるが，まとまっていなかった診断基準を統一し，医師間での診断の食い違いを減らすことができるという点では DSM の意義は大きい。認知症を例に挙げると，DSM-5 による診断基準は表 15 - 3 の通りである。また，DSM と同様に世界的に広く用いられている診断基準に**国際疾病分類（ICD）**がある。これは世界保健機構（WHO）が定めたもので，精神疾患だけでなく身体疾患等も含む。2022年現在の最新版は ICD-11 である。

　前述した HDS-R や MMSE はかなり簡便な検査であるが，心理検査には実施や解釈に専門的な知識を要するものも多い。表 15 - 2 でいえば，知能検査や発達検査の多くは難しい検査である。検査を実施して知能指数や発達指数を算出するだけならば初学者でも可能であるが，クライエントの今後のためになるような介入計画を含めた心理アセスメントを行うには，かなりの知識と経験が必要である。たとえば，発達の偏りがみられる場合，知能検査／発達検査を行って得意なことや苦手なことを細かく分析し，どのような教材や課題を与え

れば最適な学習効果が得られるのかを提案することになるが，それができるためには検査の知識だけでなく，発達障害の特性や療育に関する知識，それらを理想論ではなく現実的な観点から生かすための現場経験も必要である。

また，ここでは詳しく触れないが，**ロールシャッハテストやバウムテスト**などの**投影法**と呼ばれる種類の心理検査は解釈が非常に難しく，これらも習得には一般的に年単位の時間が必要である。

ここで紹介したもの以外にもよく知られた検査は数多く存在し，あまり知られていないものも含めるとまさに無数の心理検査があるため，そのすべてを習得することは不可能である。職場によって習得すべき理検査は限られてくるので，現実的にはそれらを優先的に学ぶことになるだろう。

注

(1) 下山晴彦（2008）『臨床心理アセスメント入門——臨床心理学は，どのように問題を把握するのか』金剛出版。

(2) American Psychiatric Association (2013) *Diagnostic and statistical manual of mental disorders, 5th ed.*（＝高橋三郎・大野裕監訳（2014）『DSM-5　精神疾患の診断・統計マニュアル』医学書院。）

参考文献

下山晴彦・中嶋義文編（2016）『公認心理師必携　精神医療・臨床心理の知識と技法』医学書院。
津川律子（2020）『改訂増補　精神科臨床における心理アセスメント入門』金剛出版。
特定非営利活動法人アスペ・エルデの会（2013）「発達障害児者支援とアセスメントに関するガイドライン」（http://www.as-japan.jp/j/file/rinji/assessment_guideline 2013.pdf　2021年11月20日閲覧）。

学習課題

① 心理アセスメントでは，心理検査以外に何をするのかまとめてみよう。

② 聴覚障害のある子どもの知能を測定するにはどのような方法を用いればよいのか考えてみよう。

第16章

言葉で支える

1 ソーシャルワークにおける心理的支援

　社会福祉分野における**ソーシャルワーク**とは，生活上の問題を抱えた人に対して援助者が問題解決の手助けをはかる活動であり，社会福祉援助技術，社会福祉援助活動，相談援助，相談支援などと訳される。その活動は社会福祉に関する専門的知識と技術および価値に基づいており，わが国においては，その相談援助を行う専門職（ソーシャルワーカー）の国家資格として社会福祉士，精神保健福祉士等が位置づけられている。社会福祉士の業務は，「身体上もしくは精神上の障害があること又は環境上の理由により日常生活を営むのに支障がある者の福祉に関する相談に応じ，助言，指導，福祉サービスを提供する者又は医師その他の保健医療サービスを提供する者その他の関係者（中略）との連絡及び調整その他の援助を行うこと」と定義されている（社会福祉士法及び介護福祉士法第 2 条）。これらの業務を総称して相談援助としている。ソーシャルワーク専門職のグローバル定義は，「ソーシャルワークは，社会変革と社会開発，社会的結束，および人々のエンパワメントと解放を促進する，実践に基づいた専門職であり学問である。社会正義，人権，集団的責任，および多様性尊重の諸原理は，ソーシャルワークの中核をなす。ソーシャルワークの理論，社会科学，人文学，および地域・民族固有の知を基盤として，ソーシャルワークは，生活課題に取り組みウェルビーイングを高めるよう人々やさまざまな構造に働きかける。この定義は，各国および世界の各地域で展開してもよい」としてお

り，国際ソーシャルワーカー連盟（International Federation of Social Workers：
IFSW）と国際ソーシャルワーク学校連盟（International Association of Schools of
Social Work：IASSW）が2014年にこの定義を採択した。

　ソーシャルワークのグローバル定義によると，ソーシャルワーク（相談援助）
専門職の中核となる任務として，社会変革・社会開発・社会的結束の促進，お
よび人々のエンパワメントと解放がある。以下に具体的に示す。

---

① 　社会変革は，個人・家族・小集団・共同体・社会のどのレベルであっても，現
　状が変革と開発を必要とするとみなされる時，ソーシャルワークが介入すること
　を前提とする。
② 　社会開発という概念は，介入のための戦略，最終的にめざす状態，および政策
　的枠組などを意味する。
③ 　構造的・個人的障壁の問題に取り組む実践を通じて人々のエンパワメントと解
　放をめざす。
④ 　不利な立場にある人々と連帯しつつ，貧困を軽減し，脆弱で抑圧された人々を
　解放し，社会的包摂と社会的結束を促進する。

　また，定義の後半部分にある「ソーシャルワークは，生活課題に取り組み
ウェルビーイングを高めるよう，人々やさまざまな構造に働きかける」の文言
については，「ソーシャルワークは，人々が主体的に生活課題に取り組みウェ
ルビーイングを高められるよう人々に関わるとともに，ウェルビーイングを高
めるための変革に向けて人々とともにさまざまな構造に働きかける」ことであ
ると理解することができる。さらに，ソーシャルワークの実践は，様々な形の
セラピーやカウンセリング，グループワーク，コミュニティワーク，政策立案
や分析，アドボカシーや政治的介入など，広範囲に及ぶ。ソーシャルワークは，
複数の学問分野をまたぎ，その境界を超えていくものであり，「広範な科学的
諸理論および研究を利用する」と定義の注釈に記されている。コミュニティ開
発・全人的教育学・行政学・人類学・生態学・経済学・教育学・運営管理学・
看護学・精神医学・心理学・保健学・社会学など，他の人間諸科学の理論をも
利用する，としているのである。このソーシャルワークのグローバル定義に表

現された価値や原則を守り，高め，実現することは，世界中のソーシャルワーカーの責任であるとしている。

　ソーシャルワークは，問題を抱える人々への直接的な援助活動と，それらの人々を取り巻く環境，地域社会や制度・施策へ働きかける間接的な援助活動が２つの柱である。ソーシャルワーカーが取り組む相談援助および相談支援においては，クライエントをめぐる様々な問題に関わることになるが，この定義に示されたソーシャルワークの視点をもって取り組むことが重要である。

　ソーシャルワークの対象となる人々は，主にはいわゆる社会的弱者と呼ばれる，児童，障害者，高齢者，あるいは暴力，貧困，疾病等の影響を受けている人たちであり，特別な福祉ニーズをもつ要支援者であるといえる。[4]その支援のために福祉制度やサービスを活用し，福祉ニーズがある人への支援を行っていく際には，個々の対象者の実状を把握し，心理的なニーズ等にも十分配慮しながらサービスを提供することが必要となる。ソーシャルワークにおける心理的支援とは，福祉専門職が心理学の技術を取り入れながら援助の専門性を発揮することに加えて，心理学的な知見や技術を活用する心理専門職と連携協力しながら支援を行うことも重要である。[5]

2　支持的精神療法

（1）支持的精神療法とは

　支持的精神療法は20世紀の初頭に精神分析よりも焦点をしぼった目標をもつ治療技法を示す概念として発展した。支持的治療の目標は患者を変えることでなく，重い精神疾患の再発を防ぐために患者が色々な症状に対処するための援助をすること，あるいは比較的症状の軽い人に対してその人が一時的に問題に対処できるよう援助すること，洞察促進的な対応をするのではなく治療者がクライエントに安心を貸し与えること等とされる。[6][7]支持的精神療法には様々な定義があるが，以下の３つを軸にまとめられる。[8]

---

　①　セラピストの目標：患者の自尊感情を維持し高めること，症状の再発を抑える，

　あるいは予防すること，患者の適応能力を最大限に引き出すこと。
②　患者の目標：パーソナリティ，生得的能力，生活環境の限界を考慮しつつ，可
　能な限り最高レベルの機能を維持すること，あるいは再び獲得すること。
③　精神療法から表出的療法の要素を差し引いたものが支持的精神療法である。

　また，狭義の定義としては，「支持的精神療法は重度の症状のある患者を診
察する際の助言，奨励，勇気づけ，という技法の総体」とされる。広義の定義
では，支持的精神療法は最も広く使われている個人精神療法であり，適用範囲
の広いアプローチとされる。
　表出的精神療法とは，治療関係の分析を行い，本人が自分で気づいていない
感情，思考，欲求，葛藤に対しその洞察を深めていくことで，人格の変容を促
そうとするアプローチである。患者は，洞察の深まりにしたがって，葛藤を意
識化し，その解決を試みることが可能になり，よりよく統合される[9]。

（2）支持的精神療法の介入方法

　支持的精神療法は会話形式で行われ，クライエントの現在および過去の経験，
反応，感情について扱う。介入時の技法として，賞賛，保証，勇気づけなどが
あり，ウィンストン（A. Winston）らの文献をもとに，以下に要約を示す[10]。

①　賞賛：結果的に賞賛的な言葉がけがなされたとしても，それは治療者の作為的
　なものではなく，クライエントが「〈安心〉に受容されている」ということを言
　語的・非言語的に伝達する結果としてなされることが重要である。
②　保証：賞賛の言葉と同様に，保証を支持的技法として用いる時は，セラピスト
　の言葉に嘘がなく誠実でなくてはならない。そして，クライエントの生活史や状
　況を十分に理解することが重要である。
③　勇気づけ：勇気づけは治療とリハビリテーションにおいて重要な役割を果たす。
　クライエントにとって達成可能な小さな目標を設定するスモールステップが重要
　である。
④　合理化とリフレーミング：リフレーミングとは，それまでのクライエントのも
　のの見方を変え，新たな意味づけを提供することである。
⑤　セラピーで取り上げるべき重要な話題：通常はクライエントが話したい話題か

　　ら始めることが望ましいが，次にその話題を続ける方がよいか，より効果的であ
　　ると思われるテーマに移るべきかを決める。薬の副作用のことや身体状況につい
　　て話すことも重要である。また，日常生活で困難を感じているクライエントには，
　　生活上の具体的なテーマを取り上げたり，クライエント自身が自分の症状をどの
　　ように理解しているかなども重要なテーマである。
　⑥　助言と心理教育：支持的精神療法において助言を活用する場合は，助言を与え
　　ながらも，いつ次のステップに進むべきかを見極めることが重要である。クライ
　　エントが自分自身のやり方を見つけられるよう援助する。
　⑦　予期的指導：あることに取り組む時，前もってその過程でどのような問題や障
　　害が起こるか予測し，対処方法を考えておくことが必要である。
　⑧　不安の予防と軽減：クライエントが抱える不安や症状に対処するだけでなく，
　　これから不安が起きないように予防することも大切である。これから質問するこ
　　とや話し合う内容について前もって伝え，そのテーマを選んだ理由や目的につい
　　て説明し同意を得ることが必要である。
　⑨　問題に名前をつける：問題に名前をつけることによって，自分でそのことをコ
　　ントロールできているという感覚が得られ，不安が軽減される。
　⑩　意識領域を広げる：自分では気づいていない考えや感情をクライエントに意識
　　させるために，明確化，直面化，解釈という技法を用いる。明確化は，クライエ
　　ントが言ったことを要約し，言い換え，整理することであり，患者自身の意識領
　　域を広げるための介入である。直面化は敵意，攻撃のことではなく，クライエン
　　トが認識しようとせず回避している行動パターン，思考，感情に患者の注意を向
　　けることである。解釈は，クライエントの考えたことがどのような意味をもつか，
　　言動がどのような意図をもつかについて，セラピストが説明を提供することを指
　　す。

3　マイクロカウンセリング

　アイビィ（A. E. Ivey）は**マイクロカウンセリング**を開発したアメリカの心理
学者である。1960年代後半までそれぞれ別の理論家が唱えていたカウンセリン
グ理論を，マイクロカウンセリングの技法を中心としたメタモデル（基本モデ
ル）で統一し，独自のカウンセラー・トレーニング法を開発した。複雑な面接
技法を細かいレベルに分けて示し，ステップを踏んでそれぞれのレベルの技法
を訓練することによって総合的な面接技法が習得できるとした。

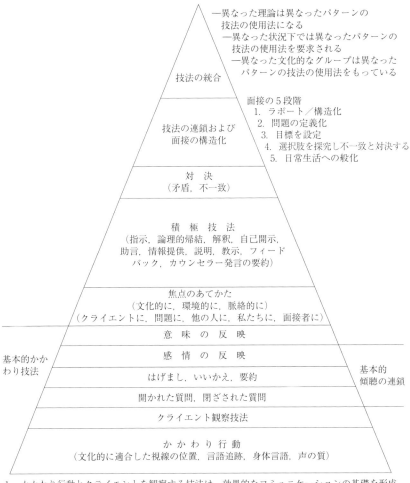

—異なった理論は異なったパターンの
技法の使用法になる
—異なった状況下では異なったパターンの
技法の使用法を要求される
—異なった文化的なグループは異なった
パターンの技法の使用法をもっている

技法の統合

面接の5段階
1. ラポート／構造化
2. 問題の定義化
3. 目標を設定
4. 選択肢を探究し不一致と対決する
5. 日常生活への般化

技法の連鎖および
面接の構造化

対　決
（矛盾，不一致）

積　極　技　法
（指示，論理的帰結，解釈，自己開示，
助言，情報提供，説明，教示，フィード
バック，カウンセラー発言の要約）

焦点のあてかた
（文化的に，環境的に，脈絡的に）
（クライエントに，問題に，他の人に，私たちに，面接者に）

基本的かかわり技法

意　味　の　反　映

感　情　の　反　映

はげまし，いいかえ，要約

開かれた質問，閉ざされた質問

クライエント観察技法

基本的
傾聴の連鎖

か　か　わ　り　行　動
（文化的に適合した視線の位置，言語追跡，身体言語，声の質）

1．かかわり行動とクライエントを観察する技法は，効果的なコミュニケーションの基礎を形成
しているが，これはかならずしも訓練のはじめがふさわしい場所であるというわけではない。
2．かかわり技法（開かれた質問と閉ざされた質問，はげまし，いいかえ，感情の反映，要約）
の基本的傾聴の連鎖は，効果的な面接，マネージメント，ソーシャルワーク，内科医の診療時
の面接やその他の状況下でたびたび見出される。

図 16-1　マイクロ技法の階層表

出所：アイビイ，A.E.／福原真知子ほか訳編（1985）『マイクロカウンセリング　"学ぶ―使う―教える"
技法の統合――その理論と実際』川島書店，8頁。

　基本となる「かかわり行動」スキルについては，専門的な援助場面のみなら
ず，教育・医療・ビジネスなどの場面でも円滑な人間関係づくりのためにも必
要とされる非常に基本的なスキルとされる。

　マイクロカウンセリングにおける技法（以下，マイクロ技法）は，基本的技法
からより高度な技法へと呈示されている（図16‐1）。学習者は，マイクロ技法
の階層表を下から順に，20数種の技法を中心とした短時間のカウンセリング技
術を積み重ね，トレーニングすることで，カウンセリングの技術が身につくよ
うに設定されている。マイクロカウンセリングの特徴は，行動療法，ロジャー
ス（C. Rogers）の来談者中心療法，精神分析などの異なった理論的背景をもつ
カウンセリングやセラピーにおいても，この技法を適用できることにあるとさ
れる。以下に，図16‐1に示した「マイクロ技法の階層表」をもとにその概要
を示す。

（1）基本的かかわり技法

　基本的かかわり技法には，かかわり行動，クライエント観察技法，質問，は
げまし・言いかえ・要約，感情の反映が含まれる。質問技法や傾聴技法を系統
的に用いて間接的にクライエントに影響を与える。

---

① 　かかわり行動：クライエントと面接する場合の適切な視線の合わせ方，自然に
　リラックスでき相手に関心を示しているという姿勢の保ち方，非言語的表現や言
　語表現の方法を習得する。
② 　クライエント観察技法：クライエントの視線の合わせ方，声の調子，表情，
　ジェスチャー，体勢，態度，言語・非言語的コミュニケーションについて注意深
　く観察することが重要である。
③ 　質問：質問には，「開かれた質問」と「閉ざされた質問」の2種類があり，「閉
　ざされた質問」とは，答えが「はい」か「いいえ」で答えられる質問である。
④ 　はげまし：最小限度のはげましは，たとえば「ふんふん」とか，「それで」と
　いった言い方で話を続ける方法を学ぶ。クライエントが十分に自己表現すること
　の大切さを知る。
⑤ 　要約：クライエントの会話のいくらかのまとまった部分の内容の中核と思われ
　る事柄をまとめて伝えることによって，クライエントが抱える問題が整理される

場合がある。

⑥　いいかえ：クライエントが伝えたことの基本的な内容を，本来の意味を失わず
　　に，内容は同様でありながら異なる表現で言い直す方法を学ぶ。クライエントの
　　言葉を別の言葉に言い換えることで，クライエント自身の気づきを促す効果があ
　　る。

⑦　感情の反映：クライエントの感情を正確に確認して相手に返す技法を学ぶ。

（2）焦点のあて方

　この技法は，クライエントの会話の流れを，面接者が望むように意図的に方
向づけることを目的とする。また，クライエントが問題に関する多くの事実に
気づくよう促し，その思考をまとめることを助ける。焦点の対象となるものは，
クライエント，主題，内容，他者，二人（面接者とクライエント），面接者，文
化的・環境的内容の 6 つである。この技法を用いることにより，多角的な見地
からカウンセラー（面接者）とクライエントの見通しの域を広げることが可能
になるとされる。

（3）積極技法

　積極技法には，指示，論理的帰結，自己開示，フィードバック，解釈，積極
的要約，情報提供・助言・教示・意見・示唆，対決が挙げられる。かかわり技
法では，質問技法や傾聴技法を系統的に用いて間接的にクライエントに影響を
与えるが，積極技法では直接的にクライエントに影響を与える。これらのこと
から，積極技法を用いる際はその影響に対する十分な配慮が求められる。

①　指示：カウンセラーがクライエントにどんな行動をとってほしいかを明確に指
　　示すること。

②　論理的帰結：クライエントの行動によって，起こり得る結果を良否にかかわら
　　ず伝えること。

③　自己開示：カウンセラーの考えや感情をクライエントに伝えること。

④　フィードバック：カウンセラーあるいは第三者がクライエントをどうみている
　　かというデータを与えること。

⑤　解釈：人生状況に対する一つの観点をクライエントに与えること。

⑥　積極的要約：カウンセラーが自分の観点から面接を要約して伝えること。具体的には，面接中にカウンセラーが何を助言したか，どのようなコメントをしたか等である。

⑦　情報・助言・教示・意見・示唆：クライエントにカウンセラーの考えや知的な情報を伝えること。クライエントが情報や助言を受け入れる準備ができているか，カウンセラーの考えが理解されたかどうかを確認すること。

⑧　対決：クライエントの行動，思考，感情，意味における不一致，矛盾，葛藤を指摘すること（かかわり技法や積極的技法との組み合わせで用いる）。

（4）対決技法

　マイクロカウンセリング技法の階層表の中で最上位にある技法は対決技法とされる。かかわり技法から積極技法に至る技法の中で最も強力な技法が対決技法である。主な手順は2つあり，第一は要旨の混乱，葛藤，矛盾を発見すること，第二はこれらの問題をクライエントに明確に示し，これを解決して結論へと導くことである。

（5）技法の統合

　マイクロ技法階層表によって各技法を十分に習得した後，最終的にこれらの技法を統合し，クライエントの発達投階や面接の進み具合に応じ使い分けていくこととなる。これらは，実際のロールプレイを通して実践し深化させる。

4　動機づけ面接

（1）動機づけ面接の定義

　動機づけ面接（Motivational Interviewing）は，ミラー（W. R. Miller）とロルニック（S. Rollnick）によって開発された対人援助理論である。動機づけ面接の定義には3種類ある。一般人向けの定義は「動機づけ面接は，協働的なスタイルの会話によって，本人の動機づけと変化へのコミットメント（約束）を強める方法」，臨床家向けの定義は「動機づけ面接はパーソン・センタード・カウ

ンセリングのスタイルのひとつであり，変化に対する両価性に関わる一般的な問題を扱う」，技術的な定義は「動機づけ面接は，協働的かつ目的志向的なコミュニケーションのスタイルであり，変化に関する言語に対して特に注目するものである。受容と深い共感をもたらす環境の中で，本人自身がもつ変わる理由を引き出し，探ることによって，本人の動機づけと特定された目標に向かうコミットメントを強めるようにデザインされている」と定義される。クライエント自身が変わりたい方向を見出し，その方向に変わろうとするクライエントに力を添えていく方法である。クライエントが変化したい方向を探るためには，面接者の価値観や考えといった視点を保ちつつも，クライエントの生き方としてとらえ，対象者の話をよく聴き，本人の価値観やなりたい方向を確認し，変化のために具体的に何が必要かを対象者と一緒に考えていくことが必要である。

（2）動機づけ面接の〈スピリット〉

　動機づけ面接の実践に入る時にもつべき心構えには，「パートナーシップ」「受容」「思いやり」「引き出す」の4要素がある。

---

① パートナーシップ：動機づけ面接は，ある人の「ために」ある人と「共に」行われる。専門家とクライエントとの間で行われる能動的な協働である。忠告よりも探求，説得や議論よりも興味と支援が動機づけ面接の方法とされる。
② 受容：パートナーシップの態度と関係しているのが，クライエントが提示するものを心底まで受容する態度のことである。絶対的価値，正確な共感，是認（相手が人としてもっている固有の価値を見つけ認める），自律性のサポートの4つの側面がある。
③ 思いやり：相手の福祉を積極的に増進しようとすることであり，相手のニーズを満たすことを優先することである。治療者が育む信頼が適切なものになるよう，正しい心構えで仕事をすることである。
④ 引き出す：動機づけ面接のスピリットは強みにフォーカスを当てる，ということが前提となる。必要なもののほとんどはクライエントの内側にあり，治療者の仕事はそれを誘い出し引き出すことが必要である。

（3）動機づけ面接の方法

　動機づけのプロセスには，「関わる」「フォーカスする」「引き出す」「計画する」の4つの軸がある。

---

① 関わる：二人の間に助け合う絆と作業同盟が確立するプロセスであり，数秒間の間にできてしまう場合や，逆に何週間もの間絆が感じられない場合もある。会話そのものとは直接関係のない外的要因，たとえばクライエントと臨床家が従わなければならない医療保険制度や臨床家のその時の気分，クライエントを取り囲む状況，入室した時の精神状態などが関わりを促したり妨げたりする。

② フォーカスする：関わりのプロセスの次は話題を特定し，フォーカスすることである。クライエントが話そうとしている話題，あるいは，提供者側が伝えたい話題もあることが考えられる。フォーカスとは変化についての会話が特定の方向に向かって進み続けるようにするプロセスのことを指す。動機づけ面接では，フォーカスするプロセスによって人が向かっていこうと意図するずっと先の方まで明確にできる。

③ 引き出す：変化のゴールに対してフォーカスがある時，動機づけ面接の中で起こるプロセスの3つ目は引き出すことであり，クライエント自身から変化への動機づけを引き出すことが重要である。専門家がアセスメントを行い，問題行動を特定し，クライエントに対してどう修正すればよいかを指示するような専門家による心理教育モデルとは正反対であるとされる。

④ 計画する：計画することには変化へのコミットメントを固めることと，具体的な行動計画を立てることが含まれる。クライエントの意思決定に際して，クライエントが自律性を発揮できるように向けていく。クライエントが受け入れられるような具体的な変化の計画や次へのステップに向かって進み出している間でも，これまでのプロセスと技能は継続して必要である。

（4）チェンジトーク（自己動機づけ発言）と維持トーク

　何らかの理由で変わる必要がある人々の大半は，変わることについて両価的（アンビバレンス）であるとされる。変わりたいと思うことと同時に，今のままでいたいとも考えることはよく起こることであり，人が変化する過程に含まれていることが通常である。変化の途上における一つの段階であり，両価的になっていることは，変わることに一歩近づいているといえる。動機づけ面接は，

本人から自分が変わるような発言を引き出していくような面接であり，チェンジトークは本人自身が表明する，変化に賛成するすべての言語である。また，現状維持をよしとする主張を維持トークと呼ぶ。人が変わるためには，当事者本人がどのように変わりたいかを自分の言葉にし，どう変われば問題が解決するかを具体的に考え行動することが必要である。動機づけ面接ではこのような言葉を引き出しながら，変化への努力を継続することを支援する。そのためには，対象者の変わる必要を認識することや，具体的な行動を自分ができ，変わることができるという見通しを引き出すことが重要なポイントになる。[15]

注

(1)　日本社会福祉士会ホームページ（https://www.jacsw.or.jp/06_kokusai/IFSW/files/SW_teigi_japanese.pdf　2021年10月1日閲覧）。

(2)　日本社会福祉士会（2014）「日本社会福祉士会 NEWS」2頁。

(3)　(1)と同じ。

(4)　中島健一編（2018）『福祉心理学』遠見書房，19頁。

(5)　(4)と同じ。

(6)　ウィンストン，A.ほか／山藤奈緒子・佐々木千恵訳（2009）『支持的精神療法入門』星和書店，1～4頁。

(7)　堀越勝・野村俊明（2012）『精神療法の基本──支持から認知行動療法まで』医学書院，258～260頁。

(8)　(6)と同じ。

(9)　(6)と同じ，6頁。

(10)　(6)と同じ，37～64頁。

(11)　松原達哉ほか編（2005）『心のケアのためのカウンセリング大事典』培風館，114～115頁。

(12)　アイビイ，A. E.／福原真知子ほか訳編（1985）『マイクロカウンセリング"学ぶ─使う─教える"技法の統合──その理論と実際』川島書店。

(13)　ミラー，W. R.・ロルニック，S.／原井宏明監訳（2019）『動機づけ面接（第3版）上』星和書店，16～18頁。

(14)　(13)と同じ，19～31頁。

(15)　内閣府「困難を有する子供・若者を支援する人材の養成について　ユースアドバイザー養成プログラム（改訂版）」（https://www8.cao.go.jp/youth/kenkyu/h19-2/html/ua_mkj.html　2020年10月1日閲覧）。

第Ⅴ部　心を測り・心を支える

参考文献

ミラー，W. R.・ロルニック，S./松島義博ほか訳（2007）『動機づけ面接法　基礎・実践編』星和書店。

ミラー，W. R.・ロルニック，S./松島義博ほか訳（2012）『動機づけ面接法　応用編』星和書店。

学習課題

①　ソーシャルワークにおける心理的支援とは何か考えてみよう。

②　支持的精神療法における勇気づけについて，説明してみよう。

③　動機づけ面接法の4つのプロセスについて，まとめてみよう。

④　マイクロカウンセリングにおける対決技法について，説明してみよう。

第17章

心を支える術

1 精神分析

（1）精神分析とは

　精神分析はフロイト（S. Freud）の研究と実践に始まる。フロイトは1900年頃，当時，身体的反応と考えられていたヒステリーについて，実は精神的理由によって生じているものではないかという理解を提唱した。心には層構造があって表（オモテ）にある層を**意識**と呼び，裏（ウラ）にある層を**無意識**と呼んだ。そしてヒステリー反応を起こしている人は無意識層に心の傷（トラウマ）を抱えていて，時としてその傷から発する叫びが表層の心理行動までゆがめてしまうとしたのである。

　このような考え方から発して，人のあらゆる心理行動が実は無意識によって動機づけられ支配されているということを実際の治療例を提示することによって明らかにしていった。無意識という構造を背景にもって，無意識に内包されたエネルギーが作用して心の全体が動いていくという意味で「精神力動論」の観点を提示したわけである。19世紀末から20世紀にかけて急激に発展してきていた自然科学の流行に沿って，いわば熱力学のモデルを心の働きに援用した考え方である。

　この精神力動論の着眼を理解することが精神分析の思考を理解することのはじまりとなる。

（2）無意識発達形成論への展開

　心を層構造でみる観点はヨーロッパで広く受け入れられるようになり，結果，無意識の存在は広く認められるようになったが，フロイトはさらに議論を進めてそうした無意識がどのように形成されていくのかを明らかにしようとした。彼は子ども時代の経験は当たり前に忘れ去られる（健忘）けれど，心の裏側にはひそかに実在し続けていて，大人になってからも時折，表層の意識に浮かび上がってくるとしたのである。こうして，人の性格はおよそ子ども時代に蓄えられた無意識の内容によって特徴づけられると考えられるようになったのである。

　また，無意識にはエネルギーが内在されていて，そのエネルギーの源泉は生理本能に基づいて欲動として体験されると指摘した。そして精神エネルギーに通じる欲動においては性本能の発達変遷が中心的に役割を担っていて，欲動満足と欲動不満足の経験が痕跡（トラウマ）の形成に影響していると考えた。こうしてフロイトの欲動発達論は**リビドー変遷論**としてまとめられた。

　フロイトはリビドーの質的変遷には実は身体的な根拠もあって，乳児期，幼年期，少年期に順に口唇，肛門，男根を興奮部位として欲動体験がリードされていくと明らかにした。こうした観点の延長として，リビドー体験が口唇期，肛門期，男根期のいずれの時期に優位であったかによって性格が特徴づけられていくということまで明らかにしていった。

　フロイト以後の精神分析家によって，小児期以降にも独特のリビドー体験が行われていくということが明らかにされ，幼い時期から重要な無意識形成が行われ，いずれ思春期，青年期，成人期へと性格が形成されていくということが議論されていった。

　こうしてフロイトが打ち立てた精神分析論は構造論と発達論という空間軸と時間軸によって構成された人間体験観の中にまとめられていった。その意味ではフロイトの思考方法論的枠組みは自然科学的世界観そのものに基づいたものであったといえる。いわば，心の働きを物理的事象の理解と同じように空間軸と時間軸によって構成的に措定するという手法をとって，そのうえであたかも心の構造，機能を時間的・空間的に描き出して説明できるとしたわけである。

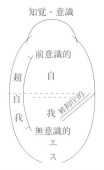

図 17-1　無意識のしくみ

出所：前田重治（1985）『図説臨床精神分析学』誠信書房。

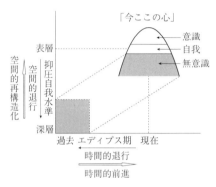

図 17-2　エディプスコンプレックスを中心とする心の見方

出所：川上範夫（1995）「精神分析療法」野島一彦編『臨床心理学への招待』ミネルヴァ書房，94〜100頁。

　こうしたフロイトの構造機能論と発達論をまとめて理解すると図17-1および図17-2のようになる。図17-1は臨床心理の世界で卓抜した図説を展開してきた前田がフロイトの人格観として示したものである。図は，いわゆる精神分析のオーソドックスな構造論的，局所論的見方をよく説明している。図17-2は精神分析の局所論的，構造論的人格観とは別の角度からフロイトのエディプスコンプレックスを軸とする人格形成観を示したものである。フロイト以後の正統精神分析の思考では，人格形成について，生物学的根拠に基づきながらエディプス期までの幼児期体験の中でのトラウマ形成やコンプレックス形成が成人してのちの人格において無意識部分を構成して決定的な影響力を発揮する

という主張をイラストとして説明している。

（3）病理論と治療論への展開

　そもそもフロイト自身，精神分析学を始めたきっかけは心の病（はじめはヒステリーの治療が中心）を治療するという発想であった。もともと，神経生理学者であったフロイトが応用医学である「臨床」を目指そうと考えたことがヒステリー治療のきっかけであった。

　臨床的着眼による「心の病理論」と「心の治療論」がフロイトの研究遂行のうえでの実践課題であったのである。今では違和感を覚える向きもあるかもしれないが，19世紀末から20世紀のはじめ頃，ヒステリーは身体性の異常から特異な身体反応を起こす病気と考えられていた。フロイトはこうしたヒステリーの患者に対して臨床実践的必要性から治療を試みたのである。当時の学問的状況から考えると野心的な試みであったが，ヒステリーという病的反応性を催眠によって改善しようと着眼した。その試みの中で催眠暗示による覚醒後効果そのものではなくて，催眠トランス状態の中で話をして心の傷を解放することで，催眠覚醒後，ヒステリー症状が劇的に改善することを発見したのである。フロイトはここに着目して治療法の発見と同時に心の科学としての精神分析論を展開していくことになった。

　ヒステリー研究（1895）に始まった心の病理論は引き続いて様々な神経症，精神病の発症機序論に進んでいった。治療論につながる彼の人間論は知性，理性が人の上位機能であって，無意識に秘められた不都合な記憶をちゃんと知性と理性で自覚化していけば無意識が当人の心と行動を乱すことはなくなるという考え方に貫かれていた。無意識の言語化，知性化，無意識の意識化という方法的着眼につながる考え方である。

　19世紀から20世紀への転換点における科学主義の流行をバックに，心の治療においても治療者は常に科学的に冷静沈着であって，患者の心の無意識に目を向けてその内容をあらわにする作業に貢献していく，というのが「**精神分析療法**」の基本軸とされた。

（4）フロイトの後継者たち

①　ユング：分析心理学

　発達過程に相当する時間軸と精神内界と外界との相互性を示す空間軸によって形成される体験世界に加えて，人は感動とか意味体験を通して心と行動の変容を体験していくものであると強調する着眼も生まれてきた。いわば「意味の軸」ともいうべき方法論的観点が加えられたのである。ユング（C. G. Jung）の無意識論がそれである。彼はフロイトが明らかにした無意識存在に加えて，人の心のさらに深い層には個人の歴史からだけでは理解の届かない深層世界が存在すると主張したのである。現在ではこうしたユングの見解は「分析心理学」と呼ばれることになった。

　フロイトの科学的，そして実在論的議論に対して，ユングは自らの唱える無意識は個人を超えて潜在しているという意味で「普遍的無意識」と称して，この普遍的無意識は知性や理性によっては届かなくても，イメージだのファンタジーだのといった神秘的方法によるならば自覚体験の世界に導き上げることができるとしたのである。心理治療としては小児期に形成された無意識を探るよりも乳幼児期以前の深い心の層に体験感覚をめぐらせることで心の拡がりと豊かさを実感できるようになると考えた。言い換えれば，心理治療の場でいわば意味的感動体験が生じてそのことによって心が伸びやかさを回復していくとしたのである。ユングの着眼が宗教的ないしは信仰的な体験にも通じていると評価されることになったのは，こうした超越的無意識観によるものである。

　臨床的な効用としては，普遍的無意識という観点を活用することによって，現在でいうところの統合失調症とか躁うつ病といった精神病の体験世界に実際的にアプローチしていけるということが認められることになった。

　ユングの普遍的無意識を軸とする人格理解を図示したのが図 17 - 3 と図 17 - 4 である。図 17 - 3 は河合が精神分析の人格観と対比させてユング心理学の特徴を明示したものである。フロイトに始まる精神分析の人格では，自我が構造機能的に力動の中心的位置を占めているのに対して，ユングの人格観では無意識世界の奥深さと豊かさが強調されて，自我はそうした無意識世界の全体を俯瞰する役割位置にあるとされている。図 17 - 3 はこのことを示したものである。

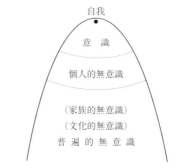

図 17-3 ユング心理学における意識，無意識
出所：河合隼雄（1967）『ユング心理学入門』培風館。

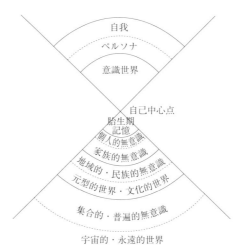

図 17-4 「共時性」「相補的」を強調したユングの心の世界
出所：川上範夫（吉村仁・宇津貴志協力）（2015）「図説による心理臨床論の理解」
『九州産業大学大学院臨床心理センター臨床心理学論集』10，3〜11頁。

　こうしたユングの人格観をさらに壮大に示すために作成したのが図 17-4 である。河合のいう俯瞰する自我を改めて「自己中心点」として位置づけ，無意識の深遠で豊かな広がりと生きる世界とが「共時性」の原理に基づいていわば「対偶」の位置にあって「相補的」に機能しあっているということを明示しようとしたものである。いってみれば，無意識世界を豊かに生きることができるようになると「対偶」「相補」「共時」の原理に従って日常生活世界も同時に充

実してくるというユングの思想を表そうとしたものである。

　②　自我心理学の系譜

　フロイトの精神分析（無意識心理学）を継承していった者たちにはフロイトの考え方をそれぞれの視点から修正していこうという動機が存在していた。ユングの分析心理学の主張はもとはといえば精神分析の対象としての患者の範囲を神経症から精神病にまで広げていこうとする野心に刺激されたものであった。これに対してフロイトの無意識の発達的形成という視点を基本的に継承しながら，新しい観点を提唱しようと考える者も現れた。無意識と意識との力動的関係によって人の心と行動を理解しようとするフロイトの観点にはそのまま従いながら，より詳細な理解と関与を工夫しようとする動きであった。晩年のフロイトは無意識の内容を議論するのに加えて心の中と外を調和的に調整する機能に着目してそれを「**自我（Ego）**」と呼んだ。この自我は内面の無意識をコントロールする機能と外界への適応をつかさどる役割を想定されていた。両者の機能を総称して「**自我の防衛機制**」といわれるようになった。自我の「防衛機制」は内面と外面の調和を図る適応機制ということもでき，この適応機制の改善が不適応心理の解消につながるという考え方を明確化していくことになった。

　フロイトの娘であるアンナ・フロイト（A. Freud）が「自我の防衛機制」を詳細に探索した。ハルトマン（H. Hartmann）は自我自体が自律的に機能するという観点を提唱して「自我自律性」という見方を提唱した。のちに自我心理学系統の考え方を大きく広げた者がエリクソン（E. H. Erikson）である（第11章も参照のこと）。彼は自我の状態を自己存在の軸と考え，これが発達的に醸成されていく過程を「Virtue（徳）の習得」ととらえた。この思考の延長として青年期での完成態への到達を「**アイデンティティ（自我同一性）の確立**」と呼んだのはよく知られているところである。

　こうした自我の形成を自分意識の確立につなげて考える思考を引き継いだのがコフート（H. Kohut）である。彼は健康な自己愛を成長の軸と考え「自己心理学」といわれる人格観を展開した。

　③　対象関係論の系譜

　フロイトの人格力動論を継承しつつ，無意識の成り立ちを原初的母子関係の

水準にまでさかのぼることを主張したのがクライン（M. Klein）である。フロイトがリビドー論に基づいて人間の生きるエネルギーをリビドーと呼んだのに対して，実は人間には生きていこうとする方向性とは反対に死に向かおうとする本能も存在しているとして「死の本能」，そしてこの本能から生じてくる「究極的破壊性」という存在を人間の本性として認めることを説いたのである。実際，臨床現場で境界例，精神病と向き合っていてどうしても本人が前向きに生きていこうとする意欲は見せてこないといった絶望的な例に遭遇するとこうした本能論の展開を意義あるものと感じさせるものである。

　クラインの教えに沿って実際に幼児や子どもの人格形成における基本の様相を研究したのがビック（E. Bic）である。またスイーガル（H. Segal）はクラインの弟子として新しいクラインの人格論体系を広く紹介する役割を果たした。

　同じくクラインの弟子であったビオン（W. Bion）はクラインの対象関係論を発展させて情緒の発達にとどまらず思考の発達も早期母子関係に始まる深い人間関係に導かれて発展していくものであることを体系的に明らかにした。

　またタスティン（F. Tustin）は自閉症児はじめ子どもの心を対象関係論によって読み解くことを実践した。

④　独立学派の発展

　クラインに始まる対象関係論の系譜の中で原初的本能論の展開よりもむしろ「関係性の体験」こそが精神発達を支え，様々な病理を発現せしめるのだということを明らかにしていったのが独立学派の人たちである。

　ウィニコット（D. W. Winnicott）は小児科医としての経験から子どもの心の形成は親子の間のホールディング，ハンドリング，オブジェクトプレゼンティングに代表される関係体験の蓄積によると明確化した。彼はこの親子関係論の延長で，様々な臨床例に関わっていく実践を提示した。関係体験の核になる体験対象をトランジショナルオブジェクトと呼んで明確化したのはよく知られている。

　同じように関係性の体験を直接観察しながら精神病理の解明に結びつけて理解を試みたのがバリント（M. Balint）である。

　図17-5はウィニコットが考えた人格の形成プロセスである。[4]ウィニコット

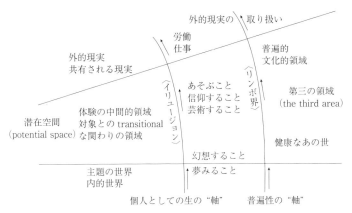

図 17 - 5　「ウィニコットが考える心の仕組み」についての理解

出所：図 17 - 4 と同じ。

は1971年に没するまで徹底して臨床家であって，それ故に人格に対する見方も実践の観点から変成し続けてきた。その集大成ともいえる人間観がこの図に盛り込まれている。人は出生直後から個としてではなくて母親と「つがい」の関係で体験を始めて，その体験（関係体験）の中から「自分」と「自分でないもの」を仕分けする形で心の世界を形成していくとしたのである。いわば「はじめに"関係体験"ありき」ということである。

　精神分析，そして心理療法の現代までの流れを概観してみた。現在，世界的にみると対象関係論の独立学派の思考が最も広く信頼を得ているようである。

　本節に紹介した範囲の知識と理解で精神分析の系譜についての理解は十分である。章末の学習課題に答えて自分の知識を確認してほしい。

2　認知行動療法

　人は，実は自分の置かれている状況を主観的に認知しながら，行動している。普段の生活の中で，自身の認知について客観的に意識し，見つめ直すことはほとんどないだろう。しかし，不適切な行動をとってしまう場合や，ネガティブな感情にとらわれて苦しい場合には，自身の認知のあり方を見つめ直す必要が

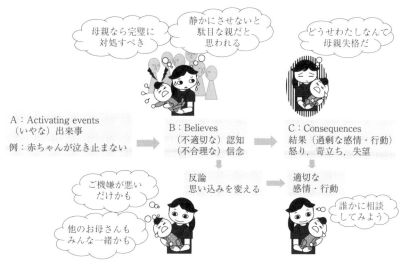

図 17 - 6　エリスの論理療法モデル

出所：筆者作成。

ある。認知は感情や行動とのつながりをもつものだからである。その見つめ直しを手助けするのが**認知行動療法**である。[5][6]

　認知行動療法はまた，行動療法と認知療法の２つが組み合わさって発展した技法である。行動療法は，行動を刺激と反応のパターンから理解する行動理論に基づき，習慣づけや条件づけによって行動の変容を目指す。認知療法は，出来事に対する認知のゆがみや極端な思い込みが，不適切な行動や抑うつ感情などの症状を生み出すという考え方に基づき，認知を修正することによって，過剰な感情や行動の変容を目指す。図 17 - 6「エリスの論理療法モデル」は，ある出来事をきっかけに生じた不合理な信念に対して，その認知を修正することよって，過剰な感情が適応的な感情に変容する認知療法の治療モデルである。図 17 - 7「ベックの認知療法モデル」は，ある出来事に接した時に自動的に浮かんでくる思考（自動思考という）や，その背後にあるかたくなな信念（スキーマという）に対して，その認知を修正することによって，適応的な思考ができるようになることを支援する認知療法の治療モデルである。これらの治療モデルのように認知の役割を強調する認知療法に，行動療法の枠組みや技法が取り

図17-7 ベックの認知療法モデル

出所：筆者作成。

入れられることで，「認知行動療法」が発展していった。[7]

　認知行動療法には，暴露（エクスポージャー）法，認知再構成法，行動活性化法，問題解決法，社会技能訓練（ソーシャルスキルトレーニング：SST）などがある。本節では，治療現場でよく実践されている**認知再構成法**および **SST** について例を挙げて解説する。

　認知再構成法は，クライエントの極端な見方や考え方など，凝り固まった自動思考の修正に取り組み，認知の枠を拡げ，他の考えやイメージをもつことができるようになるよう支援する方法である。具体的には，図17-8に示すスキームに従って，現在の自分の状況を立ち止まって見つめ，ネガティブな面だけでなくポジティブな面も発見し，現実状況をとらえ直して整理する。

〈例１〉
状況：３か月前に出産したＡさんは，夜泣きが激しく泣き止まないわが子の対応に
　　　苦慮していた。自分は本当に母親になれるのだろうか，と気持ちが落ち込んだ。
　　　Ａさんはカウンセリングを受けることになった。
支援：カウンセラーは，Ａさんの現在の状況，自動思考，適応的思考，今の気持ち，
　　　気づいたことをＡさんと話し合った。Ａさんは，乳児の夜泣きは珍しくないこと

を知り，自分だけができていないと思う必要はないかもしれないと考えられるようになっていった。そう考えると気持ちが軽くなり，一人で抱え込まずに夫や友人にも相談してみよう，と今後の自分のあり方について考えられるようになった。

1. 状況：出来事，その時の気分，気持ち，感情
 ・極端な見方をしていることがある
2. 自動思考：頭に浮かんできた考え
 ・立ち止まって客観的に自分を見る
 ・良い面，悪い面，どちらも探す
 ・箇条書きに書き出してみる
3. 適応的思考：自動思考に対する他のバランスのよい考え方
4. 気分の変化：1の状況での気分からの変化
 ・状況をとらえ直し，望む現実を設定する
5. 今後の課題：先に進むための工夫や新しい考えをまとめる

極端な見方：駄目な親だと思われてる
自動思考：わたしなんて母親失格だ
客観的に：ご機嫌悪い時もあるよね
適応的思考：他のお母さんもみんな一緒かも
気づき：考えすぎかも
先に進む工夫：保健師さんに相談してみよう

図17-8　認知再構成法

出所：筆者作成。

　SST は，クライエントの日常生活で，よりよい人間関係を築くために必要な社会的スキルの習得を支援する方法である。一般的には6人ほどのグループ形式で行われる。テーマは，怒りの感情とうまく付き合う方法，自分の気持ちを人にうまく伝える方法，上手に断る方法など，対人場面での問題が取り上げられることが多い。クライエントが適応的な行動を認知的に理解し，その行動が定着し，時・場所・相手を選ばず般化できるように支援する。[8]

〈例2〉
　状況：友達を叩いてしまうB君とその友達5人に対し，小学校の担任の先生が進行

役となり，怒りのコントロールについての SST を行った。

支援：教示，モデリング，リハーサル，フィードバック，般化の順番で，指導が行われた（図17‐9）。まず先生から，「怒ってもいい。でも怒りにまかせて衝動的に叩く行動は問題。まずは一呼吸置いて，感情がおさまってきたら，自分の考えや気持ちを相手にゆっくりと伝えてみよう」との教示がなされた。その後，先生からモデリング（手本）が示された。次に子どもたちが手本に即して，自分たちでロールプレイをした（リハーサル）。先生は「B君の今の振る舞いはとてもよかったです」「B君の今の伝え方はわかりやすかったです」といったプラスのフィードバックをした。

結果：B君は SST で学習したスキルを実際の生活の中で少しずつ実践するようになった。怒りにまかせて衝動的に手が出てしまう問題行動の頻度は低減し，自分の気持ちを言葉で伝えることが増えていった。

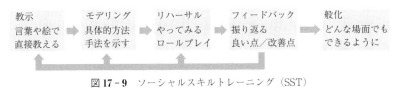

図17‐9　ソーシャルスキルトレーニング（SST）

出所：上野一彦・岡田智編著（2006）『特別支援教育「実践」ソーシャルスキルマニュアル』明治図書出版より筆者改変。

以上の通り，認知行動療法は，人の行動の背後にある認知を見つめ，その認知の変容からの行動の変容を目指している。精神科医療の現場では，抑うつ，パニック障害，アルコール依存症などの治療に使われており，その有効性が検証されている。[9]

3　応用行動分析

応用行動分析は，行動の法則性を分析することにより，人と環境の相互作用のあり方を理解する方法であり，行動療法の理論モデルの一つである。

人の行動には必ず，きっかけとなる出来事や条件があるが，応用行動分析ではこれを先行事象（antecedents：A）という。先行事象によって行動（behavior：B）が起こる。行動によって，結果としての後続事象（consequences：C）がも

たらされる。この先行事象・行動・後続事象の一連の関係を「三項随伴性」という（第7章も参照のこと）。この中で，後続事象が本人にとって心地よいものである場合，行動を促す正の刺激となり，これを「強化刺激」という。逆に心地悪いものである場合，行動を抑制する負の刺激となり，これは「嫌悪刺激」という（図17-10）。

　応用行動分析では，クライエントやそこに生じている問題を，三項随伴性の連鎖に当てはめて考える。このように行動を分析することを，それぞれの英語の頭文字をとって「ABC分析」ともいう。

　観察し，行動の意味を分析することは，支援の中身を決定するうえで欠かせない。たとえば，子どもは問題行動で気持ちを訴えることがある。帰宅後，手を洗うように言ってもなかなか言われた通りにできない子どもの心の中には，「早く遊びたい」という強い要求があり，その欲求が叱られることによる居心地の悪さを上回れば，手を洗わないで遊び始めるという望ましくない行動が促進されるかもしれない（図17-11）。不適切な行動を繰り返す悪循環を断ち切るためには，子どもの行動の背後にある原因を理解する必要があり，これを応用行動分析で理解するのである。

　行動を分析した後，支援の方法を考える。その際に重要なのが，目標行動を決め，課題分析を行うことである。目標行動について，誰が，何を，どのような状況で，どう行動するのかを具体的に設定する。その際，クライエントが「できそう」と思えるような目標行動の選び方がポイントとなる。「できそうもない」と思われそうなら，行動をさらに細かい段階に分けてみる。この作業をスモールステップ化という。目標となる行動を細かい構成要素に分け，さらに課題分析を行う（図17-12）。課題分析によって，どのような段階でどのような支援が必要であるかを見出す。

　応用行動分析に基づいた支援を図17-13に要約する。課題分析の結果，目標行動（B'）を定めたら，次にその行動の開始を促すような先行刺激（A'）を与え，目標行動が生じた際にはその行動を促進するような後続刺激（C'）を与える（これを強化という）。うまくできるように手がかりを与えたり（これをプロンプトという），行動の手本を示したりすることも（これをモデリングという），目

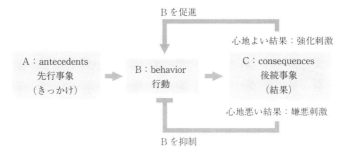

図 17 - 10　応用行動分析における三項随伴性

出所：筆者作成。

図 17 - 11　ABC 分析の例

注：強化刺激を嫌悪刺激が上回れば，望ましくない行動が続く。
出所：筆者作成。

標行動の形成のための重要な支援である。望ましい行動を少しずつ，段階的に身につけさせる方法はシェイピングと呼ばれ，新しい行動を学ぶ時に用いられることが多い。

　先に述べた通り，応用行動分析の理論の中心にあるのは「強化」である。「強化」は行動と結果の関係を表し，ある目標行動の促進に強化刺激を用いることを「プラスの強化」といい，反対に嫌悪刺激を取り除くことを「マイナスの強化」という。「強化」に基づく介入については「物で釣る支援」と否定的な見方もあるが，プラスやマイナスの強化によって行動をより好ましい方向に増やしたり減らしたりする方法は，いずれも行動理論の応用といえる。

　応用行動分析的な介入の例として，強化を用いて，約束（契約ともいう）といった取り決めを前もって交わすトークン強化法や，レスポンスコスト法があ

.

.

.

.

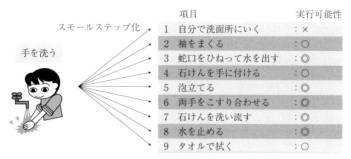

図17-12 課題分析に基づく実態把握の事例

注：「手を洗う」という目標行動のスモールステップ化と実行可能性の評価。
出所：筆者作成。

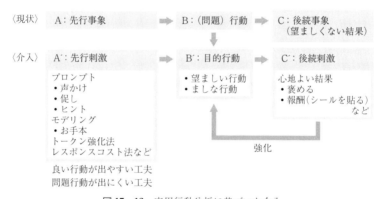

図17-13 応用行動分析に基づいた介入

出所：筆者作成。

図17-14 トークンシステムの例

出所：筆者作成。

る。これは，一方的な押しつけではなく，目標をクライエントと共有し，自分にとってよりよい解決や改善のためであることを本人も納得したうえで行うものである。基本の方法は，望ましい行動に対してプラスのフィードバックを与える。これは行動のプラスの強化のための強化子であり，たとえば子どもを褒める，頭をなでる，お菓子・玩具・シール・表彰状をあげる等がある。この手法は，幼稚園や小学校など，教育現場でよく使われている（図17-14）。

〈事例：子どもへのアプローチ〉

状況：C君は幼稚園に通う男の子である。季節柄，風邪が流行してきていることから，お母さんはC君に幼稚園からの帰宅後にしっかりと手洗いをしてほしいと思っていた。

行動目標：「外から帰ったら，洗面所で手を洗う」をC君の目標行動にして，お母さんとC君で取り組むことにした。

ABC分析：お母さんは，C君の手洗い行動を分析した。C君は帰宅後に手洗いをしないで遊び始めた。お母さんが「手を洗ってから遊びなさい」と注意しても，次の機会にC君の行動が改善されることはなかった。

課題分析：手洗い行動について分析したところ，水を出す，石鹸で洗う，タオルでふくなどの手洗いの一連の行動は自分でできることがわかった。しかし，手洗いするために自ら洗面所に行くことはできなかった。

介入：そこで，お母さんはお約束表を用いて，C君が幼稚園から帰宅後にすぐに手を洗ったらシールをあげ，褒めることにした。シールがたまると大好きなキャラクターシールと交換できるトークンシステムを導入した。手洗いをしなかった場合は注意をせず，単にシールをあげず，褒めることもしなかった。

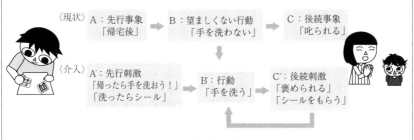

図17-15　応用行動分析に基づいた介入の例

出所：筆者作成。

> 結果：C君はお約束表に関心を示し，意欲的に取り組んだ。2週間後，幼稚園から
> の帰宅後に自分で手洗いをするようになり，また幼稚園以外の外遊びからの帰宅
> 時にも手洗いをするようになった。

　心と行動はつながっている。応用行動分析では，心と行動の関係を緻密にみ
ていく。上記の例のように，対象者に対して，どんな場面のどのような行動を
習得してもらうのか，そこにどのような手がかりや強化子を提供するのが適切
であるのかは，応用行動分析によって導かれる。

4　家族療法

　家族療法は，クライエントを含む家族を一つのシステムとみなし，家族メン
バーの相互のやりとりの中から，問題解決の糸口を探るという点が特徴である。
家族療法の歴史を振り返ると，1950年代が家族療法の萌芽期で，その後，欧米
では1970～1980年代にかけて，多くの実践が積み重ねられた。わが国に家族療
法が定着したのは1980～1990年代であった。図17-16に家族療法の大きな流
れを示した。

　家族療法は多種多様な手法があり，その移り変わりのスピードも比較的早
かったといえよう。家族療法の変遷を「第1世代」「第2世代」「第3世代」の
3つに分けて，表17-1に示し，紹介していく。まずは，「第1世代」の主要
な3つの理論について説明する。「多世代伝達モデル」はアメリカの精神科医
であるボウエン（M. Bowen）が提唱した。ボウエンは，個別化が不十分で，家
族集団に融合してしまっている家族メンバーは不安を抱えやすいという理論前
提に立ち，さらに，両親が不安を抱えていれば，母子共生的な融合状態が生じ
やすくなり，親世代の夫婦間の不安が次世代に伝達されることを見出した。そ
こでボウエン派の家族療法の目標は，個別化と自立性の促進に向けられ，家族
援助は，家族メンバーの家族システム内での個別化の程度と自立の程度を判断
することを重視している。

　ミニューチン（S. Minuechin）が提唱したのは「構造的モデル」である。ミ
ニューチンは小児精神科医としてニューヨークのスラム街で非行少年の心理治

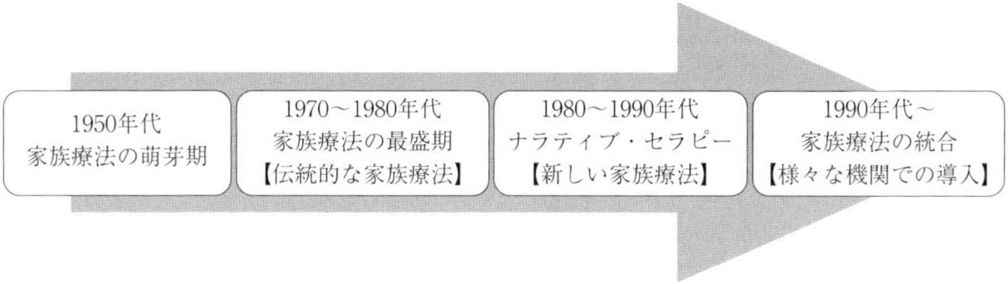

図 17-16　家族療法の変遷

出所：筆者作成。

表 17-1　家族療法の変遷

第1世代	・多世代伝達モデル ・構造的モデル ・コミュニケーション・モデル ・戦略モデル ・ミラノ・システミック・モデル（ミラノ派）
第2世代	・ナラティブ・セラピー ・リフレクティング・プロセス ・コラボレイティブ（協働的）アプローチ ・ソリューション・フォーカスト・アプローチ
第3世代	・家族心理教育 ・メディカル・ファミリーセラピー ・カルガリー家族アセスメント・介入モデル ・統合的家族療法

出所：筆者作成。

療に従事していた。スラム街の非行少年の多くには，家族内に犯罪者をはじめアルコール依存患者等，何らかの問題を抱えている家族成員がいること，また家族内の関係性が必要以上に密接，あるいは反対に疎遠であることに気づいた。そこで，非行少年を更生させるためには，非行少年のみを治療の対象として関わりをもっても効果は上がらないと考え，治療対象を個人ではなく家族全体とし，非行少年の立ち直りを図り，更生の度合いは飛躍的に良化した。このミニューチンの治療法は，後に構造派アプローチ（構造的家族療法）と称されるようになった。

　ベイトソン（G. Bateson）は，統合失調症の患者とその家族とのコミュニ

ケーション過程の研究に取り組み，その治療は「コミュニケーション・モデル」と呼ばれた。家族内で交わされる会話には，2種類のメッセージ性が込められていることがあることを発見する。たとえば，「もう怒っていないから」と言葉を発した際に，その言い方が通常よりも大声であったり，口調が荒々しかったりする場合（ダブルバインド）には，言われた側は言葉で発せられた内容を鵜呑みにはできないことが生じる。家族という人間関係の中では，このような現象が生じていることにベイトソンは気づいた。この背景には，家族内に潜む独特の関係性が影響していると考え，治療対象を患者個人から患者を含んだ家族におけるコミュニケーション過程の問題としてとらえた。

　その後，家族療法は「**ナラティブ・セラピー**」と称されることが多くなった。多様な治療法を確立した家族療法は，セラピストの指示的な治療方針が，「理想的家族像」を押しつけているとの批判を受けるようになったことが背景にある。ナラティブ・セラピーは，クライエントの自己物語を，心理治療を構成する単なる一つの要素ではなく，最も重要な要素として扱うことである。ナラティブ・セラピーにおいては，まず「無知の姿勢」が重視される。クライエントについて，すべてを知っているわけではないことをセラピスト自身が自覚し，クライエントの物語から状況を理解することが求められる。次に，クライエントの「個人語」を理解することである。クライエント独自の文法をきちんととらえることが，その人の固有の体験を感じ取ることにつながる。最後にクライエントの「再著述」を援助することである。物語は常に流動化する。その物語の変化に対して，セラピストは一貫性を求めたり，変化を誘導することなく，寄り添うことが求められる。

　また，ここで一つ考えておかなければならないのが，家族システムと家族療法との関係である。若島は「面接室に家族メンバー全員を参加させる」というイメージは家族療法に対する誤解の一つであると述べており，西村も「家族療法は必ずしも，家族全員を面接する必要はなく，面接の形態は必要に応じて変えられる」と解説している。実際にクライエントを援助する際に，クライエントの症状を形成する家族全体の相互関係を理解することは重要だが，家族の相互関係の見立てに際し，個人が情報提供者となることも大いにある。図17-

216

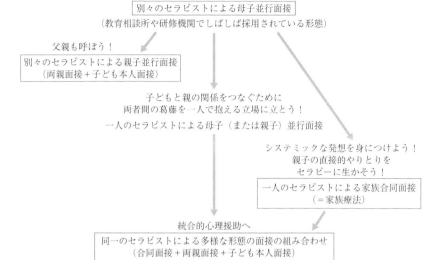

図 **17 - 17**　親子関係援助のための面接携帯相互の関係

出所：中釜洋子（2010）「家族療法としての親子面接」『臨床心理学』10, 854～859頁。

17 は，中釜が紹介している親子関係援助のための面接形態を図式化したもの
である。母子が別々のセラピストにより面接を受け，次には父親を含んだ両親
面接へと移行する。さらに，一人のセラピストによる両親と子どもの家族療法
が実施される。また，同じセラピストがこれらの複数のパターンの面接を一人
で実施するという場合も想定されている。

　それでは，実際の家族療法の例を挙げてみる。事例は，中釜が行った家族療
法の内容を紹介したものである。不登校が主訴の女子中学生と両親，セラピス
トとの短いやりとりが紹介されている。

〈事例：家族療法の実際のやりとり〉
• 初回面接前半のやりとりから
セラピスト　（長女に向かって）どうですか？　お父さん，お母さん二人から，よ
　　く見ててくれるっていうコメントは一致して出てきたんだけれど，そう言われる
　　と。

長女　いや。ただお母さんに見てって声かけられるから，その時に見てるだけ。

母　いろいろやってくれるじゃない，遊んでくれるとか（長女は答えず沈黙）。

父　最後は喧嘩するけど，結構可愛がってくれて面倒見のいいお姉ちゃんだよね。

（中略）

セラピスト　あんまりうれしくない感じ？　お姉ちゃんって言われるの。

長女　なんか……（沈黙し，その後は母に向かい）なんか弟っていうだけで弟に甘いよね。

母　そんなことないよお。そう？（長女「うん」）そう？（長女「うん」）……そうかなあ。

セラピスト　そんな感じがする？（長女「うん」）それはなに？　お母さんが？それともお父さんが？

長女　お母さんが。

セラピスト　お母さんの自分に対する対応と弟君に対する対応とちょっと違う感じがあるの？

母　でも年が下だったらしょうがないじゃない。

長女　え，でもなんでもかんでも弟優先じゃない。（後略）

・初回面接後半のやりとりから

母　私と話している時はもっとこうしっかり者っていうか，あと，天真爛漫な子だと思ってましたけど，でもそんな風に，いまこんな感じになっているし。本当は違うのかもって。

セラピスト　ちょっとそんなことが浮かぶ？　お母さん的なあるテンションでうまくゆく時もあるし，いま見えている姿はそれとは違うのかなって？

母　なんかどっちの見えているのが本当なんだろうって，ちょっと自信がなくなりますね。

セラピスト　どっちかだけが本当っていうことではないんでしょうけれどね。（長女に）どうですか？　いま聴いていて。もぞもぞしてくるのか，そこは違うって言いたい感じか。（後略）

　短いやりとりだが，家族システムが少し変化する様子が見て取れる。前半のやりとりの中では，「長女は面倒見が良い」と感じている両親がその気持ちを言葉にする。その両親の言葉がしっくりこない長女は納得できない態度を示す。そこでセラピストが介入することにより，長女は「母親が弟に甘い」という本心を吐露することができた。

後半のやりとりの中では，母親がこれまで抱いてきた長女への印象と，面接の中で見せる長女の姿との違いに直面し，「本当は違うのかもしれない」と内省している。中釜は，「二人が近づいたと見ることもできるし，意見の違いがはっきりした，つまり，バウンダリーが明確になり融合状態が解かれたととらえることもできる」と述べている。さらに，家族に望ましい変化をもたらすために必要とされるのが，セラピストの公平性である。特定の家族メンバーのみに共感するのではなく，常に偏らない立場を保ち続けることが重要だ。

5　ブリーフ・セラピー

　ブリーフ・セラピーを日本語に訳すと，「短期療法」という意味になる。短い時間で心理治療を終わらせるというイメージをもつ場合もあるかもしれないが，セラピストとクライエントの協働により，できるだけ短期間にクライエントの変化を促そうという目的に基づいている。1960年代からアメリカを中心に発展し，ベイトソンのコミュニケーション理論とエリクソン（M. H. Erickson）の治療実践をもとにしており，家族療法と同じ起源をもつ。

　ブリーフ・セラピーは問題の原因をクライエントの内側に求めるのではなく，「今ここで何が起きているか」というコミュニケーション（相互作用）の変化を促して，問題を解決していこうとする心理療法である。個人面接だけでなく家族面接，訪問援助，コンサルテーションなどの様々な援助方法に適用でき，精神医療，保健福祉，学校教育，ビジネス，組織マネジメントなど幅広い領域・分野で用いられ効果をあげている。

　ブリーフ・セラピーには3つのモデルがあり，「問題志向モデル」「症状機能志向モデル」「解決志向モデル」と呼ばれている。そのいずれもが表17-2に紹介されているブリーフ・セラピーの4つの特徴を備えている。

　次にブリーフ・セラピーの3つのモデルを表17-3に紹介する。問題志向モデルにおいて逆説的介入法といわれる手法がある。これは，たとえば「なかなか寝つけない」と訴えるクライエントに「絶対に寝ないでください」と介入する，「間食が止められない」と訴えるクライエントに「○時から○時の間は思

表 17-2　ブリーフ・セラピーの特徴

①相互作用論	問題の原因を，個人間の関わりと個人内の思考や感情のプロセスの相互影響の中に見出す。
②クライエントとの協働	クライエントの訴えや見方を尊重する。問題解決のためのリソース（資源）を引き出す。
③解決および未来への志向	現在と未来への現実的な問題解決にエネルギーを注ぐ。
④変化への志向	問題解決のために必要な小さな変化（行動変容・問題の見方）を喚起する。

出所：青木みのり（2014）『ブリーフセラピー──「問題の解決」の理論とコンサルテーション』ナカニシヤ出版を参考に筆者作成。

表 17-3　ブリーフ・セラピーの 3 つのモデル

問題志向モデル（MRI アプローチとも呼ばれる）	問題を解決しようとする行動が，逆に問題を悪化させている場合があると考える。問題をめぐる家族内の行動の悪循環を断ち，新たな解決策をとる。逆説的介入法と呼ばれる手法がある。
症状機能志向モデル（ストラテジック・アプローチとも呼ばれる）	症状連鎖・家族内のヒエラルキー（階層）や力関係に注目する。クライエントの問題解決のために創造的に工夫する。
解決志向モデル（ソリューション・フォーカスト・アプローチもしくはソリューション・フォーカスト・ブリーフ・セラピーとも呼ばれる）	最も新しいモデル。「何がうまくいっているか」に焦点を当てる。問題が起きていない例外状況を見出だしたり，未来状況を描くことを援助する。

出所：表 17-2 と同じ，および岡本浩一・長谷川明弘編（2019）『パワハラ・トラウマに対する短期心理療法』春風社を参考に筆者作成。

いっきり間食しましょう」，「爪嚙みが止められない」と訴えるクライエントに「○時から○時は好きなだけ爪を嚙んでください」と介入する。自己コントロール力が増し，また問題の行動を義務化することで，モチベーションが低下するというパラドックス的な手法である。

　また，新しいモデルであり，最も活用されている解決志向モデル（ソリューション・フォーカスト・アプローチ：SFA），ソリューション・フォーカスト・ブリーフ・セラピー（SFBT）について補足しておく。SFA，SFBT は解決焦点化のアプローチと呼ばれている。解決とは「例外」のことを指し，どんな問題を抱えていても，比較的状態が良い時，落ち着いている時を「例外」と称して

表 17 - 4　SFA・SFBT で用いられる質問技法

ミラクル・クエスチョン	奇跡が生じてクライエントの問題が解決することを想像して，解決に近づくために何ができるのかを質問する。
例外探しの質問	問題が起こらなかった時，症状が好転した時を「例外」ととらえ，その時の条件やクライエントの行動・役割を質問する。
スケーリング・クエスチョン	クライエントの状況，予測，自信などを得点化していく。「今までで最悪の時を 0 点，解決した時を10点としたら，現在は何点？」という質問をする。また，得点を上げるために，どのようなことができるかといった取り組みを模索していく。
コーピング・クエスチョン	深刻な状況の際に，クライエントがどのようにその状況に立ち向かったのかを質問する。クライエントが自身の力で，対処していることを確認する。

出所：伊藤拓（2015）「ソリューション・フォーカスト・ブリーフ・セラピーの質問を用いる際の注意点」『明治学院大学心理学紀要』24，63～74頁を参考に筆者作成。

図 17 - 18　ミラクル・クエスチョンのやりとりの例
出所：筆者作成。

いる。先にも述べたように，クライエントの問題・不足・過去よりも解決・リソース・未来に焦点を当てた治療法である。表 17 - 4 は SFA，SFBT で用いられる質問技法である。

　表 17 - 4 の中のミラクル・クエスチョンについて，具体的なやりとりを挙げてみよう（図 17 - 18）。クライエントの A さんは「出勤することが苦痛で朝から鬱々とする」という問題を抱えている。職場の人間関係がうまくいかないこ

とが引き金になったこともわかっている。ミラクル・クエスチョンでは、図
17-18 に示したように、「今から少し変わった質問をします」という件(くだり)から
対話が始まる。この「少し変わった質問をする」というセラピストの声かけに、
多くのクライエントは慎重に耳を傾ける。クライエントが問題を自覚していて、
何とかしたいが、突破口が見えない時に、この質問により、膠着している現在
から、問題が解決している未来と時間軸移動する。苦しい状況下においても、
明るい未来を想像してもらうことで、膠着状態から抜け出るお手伝いをするこ
ととなる。

6　対人関係療法

　対人関係療法（interpersonal psychotherapy：IPT）は、1960年代末からクラー
マンやワイスマンらによって開発された期間限定の精神療法である。IPT は
臨床研究の領域では早くから知られていたが、中心的な創始者クラーマンが若
くして死去したこともあり、一般的な普及は遅くなったと考えられる。うつ病
に対して強いエビデンスをもつ治療法と考えられている。また、うつ病だけで
はなく、心的外傷後ストレス障害や摂食障害の治療にも効果が確認されている。
広く対人関係の悩みに適応できる治療法である。

　対人関係療法は、「精神科的障害は、その原因がどれほど多元的であろうと、
通常は何らかの対人関係的な文脈の中で起こる」という考え方が中心となる。
治療に際しては、重要な他者（significant other (s)）との現在の関係に焦点を当
て、症状と対人関係問題の関係を理解し、対人関係問題に対処する方法を見つ
けることで、症状に対処できるようになることを目指す。[14] たとえば、次のよう
なクライエントを想像してみてほしい。A子さんは現在、夫と姑の3人暮らし
である。小さい頃から物事を完璧にこなさないと気が済まないA子さんは、夫
と姑の要求に対し、できる限り対応してきた。しかし、家族の中で意見が分か
れた際に、夫が姑の意見に同意し、自分が大切に扱われた感覚がもてなくなっ
てきた。次第に、A子さんはうつ状態になっていった。A子さんの生育歴の中
には、実の母親から厳しいしつけを受けた経験があった。心理療法では、この

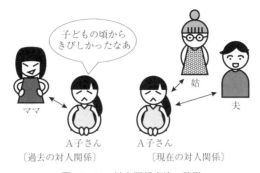

図 **17 - 19**　対人関係療法の特徴

出所：筆者作成。

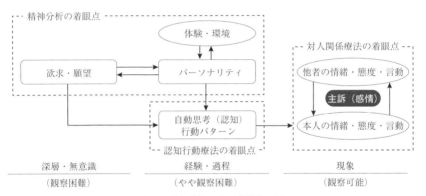

図 **17 - 20**　対人関係療法他の心理療法との違いについて

出所：杉山崇（2019）「カウンセリングで効果を上げる『対人関係療法（IPT）』とは（https://www.re current.co.jp/article/interpersonal-therapy-01/ 2021年11月26日閲覧）。

　過去のA子さんの実母との関係性を取り扱う場合もあるが，対人関係療法においては，図17‐19のように，過去の対人関係に焦点を当てるのではなく，現在のA子さんの対人関係に焦点を当てた心理治療を行う。

　次に，対人関係療法の特徴を他の心理療法との違いを概観することでとらえてみよう。図17‐20は杉山が解説しているIPTの特徴をまとめたものである。クライエントの症状を精神分析によって解決していこうとするならば，クライエントの深層心理や無意識に潜んでいる心の葛藤を明らかにしていく必要がある。杉山が指摘しているように無意識の葛藤を自分なりに観察することは困難

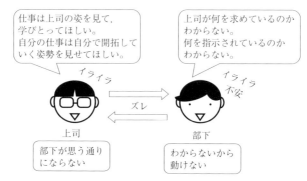

図 17 - 21　職場の具体的場面における役割期待の例

出所：今井理紗（2020）「働く女性への対人関係療法」『女性心身医学』
24（3），261〜264頁を参考に筆者作成。

だといえよう。また，認知行動療法においては，自身の認知パターンが行動に
影響を及ぼしていることを治療者と見出し，認知変容をもってして，症状の解
消を目指す。認知パターンという視点に立てば，観察はやや困難ということに
なろう。対人関係療法においては，現在の対人関係の観察を行うことに着目し
ている点において，観察可能な心理療法ということになる。

　対人関係療法は基本的には個人面接で行い，1回あたり50〜60分，12〜16回
の期間限定で行われる。具体的には，①感情の聞き取り，②役割期待の取り扱
いの2点を中心に治療が進む。まず，治療の中で対人関係の中で生じる感情を
積極的に引き出していく。対人関係の出来事に対して「どんな気持ちでした
か？」と感情の表出を支援し，その感情を「（そのような立場に置かれたら）そう
感じるのは当然ですよね」と肯定していく。

　次に，対人関係療法の鍵概念でもある**役割期待**について説明する。図17 -
21に示したように，上司は「指示を出さなくても，自ら進んで仕事を見つけ，
積極的に動いてほしい」と部下に期待している。一方で部下は「何も言われな
いので，何をしてよいのか見当がつかない」と不安を募らせている。この場合
の対人関係には，双方からの役割期待のズレが見て取れる。対人関係療法では，
このような役割期待のズレが見られた場合に，そのズレの調整を行う。先の事
例の部下がストレスによって，うつ状態に陥ってしまったとする。治療者は，

表17-5　IPT の４つの問題領域

悲哀	親，配偶者，子どもの死など重要な他者との喪の作業がうまく進まない場合。
対人関係上の役割をめぐる不和	親や配偶者などの関係に問題が続いている場合。
役割の変化	転居，昇進，出産，離婚，進学，病気などへの適応が困難な場合。
対人関係の欠如	社会的に孤立している場合。

出所：水島広子（2011）「うつ状態に対する対人関係療法」『治療』93（12），2421～2424頁および近藤真前（2018）「一般外来におけるうつ病に対する対人関係療法」『精神神経学雑誌』120（5），408～415頁を参考に筆者作成。

　部下が上司に抱いている役割期待を明確にする。この場合は「上司に仕事の内容を明確に指示してほしい」といった内容になるだろう。次に，上司が部下に抱いている役割期待がどのような内容なのかを推測させる。その上で，部下が上司に抱く期待が実現可能なレベルの内容であるのかを検討していく。最後には，双方の期待を踏まえて，コミュニケーションをとり伝える方法を模索していく。

　また，対人関係療法におけるアセスメントの際に，**問題領域**という視点からクライエントの問題をとらえることも特徴である。クライエントの現在の対人関係，ライフイベントと症状の経過を聞き取り，４つの問題領域（表17-5）から１～２つを選び，治療を進めていく。「悲哀」に分類される問題では，喪の作業を進め，現在の対人関係に心を開けるようになることを目標とする。「対人関係上の役割をめぐる不和」に分類される問題では，図17-21で紹介したような役割期待にズレがあって解決していない場合が当てはまる。「役割の変化」に分類される問題では，新たな生活上の変化への適応困難な場合が当てはまる。この場合は，新たな役割での達成感を得ることを目標とし，本人にとって変化がどのような意味をもったのかを明らかにするために，変化に伴う気持ちとソーシャルサポートの変化に注目していく。「対人関係の欠如」に分類される問題では，対人関係を築くことができない，維持することができないといった問題が含まれる。この問題に関しては，現在における重要な他者との関係が欠如しているため，対人関係のパターンを認識して，改善にあたるという方法が用いられる。

7　その他の心理療法

　心理療法には多様な学派，療法がある。表 17-6 で，前項までに紹介しきれなかった，その他の心理療法について簡単に解説する。それらには，表現することを通してカタルシス（気持ちがスッキリすること：浄化）が生じ，癒やしにつながるといった考え方から発展した心理療法，また日本的な文化や思想を背景に生まれたわが国独自の心理療法，人の集まりである集団を用いる心理療法などが含まれる。

　それぞれの心理療法は独自の理論と方法をもつものであるが，共通項もある。心理療法を提供する者とそれを受ける者との間に築かれる信頼と温かな関係の中で，共に心と向き合っていくプロセスを有するということである。それは，すべての心理療法に流れる本質である。多様な心理療法について触れる際には，そのことをぜひ理解しておいてほしい。

表 17-6　その他の心理療法

音楽療法	音楽のもつ生理的，心理的，社会的な効果を利用して，身体機能の維持・向上，情緒の活性化などを目的に行われる療法。参加者が音楽を聴くような受け身的なものを受動的音楽療法，歌う，楽器を鳴らすなどを能動的音楽療法という。
回想法	主に認知症の高齢者への援助方法として用いられている。昔の懐かしい写真や音楽，馴染み深い日用品を見たり触れたりしながら，過去の経験や出来事を思い出し，それを聞き手が受容的に聞く。自分の過去のことを語ることで気持ちが安定し，自らの人生を肯定的に再評価できるようになる。認知機能の改善も期待できる。
自由連想法	クライエントには，心に浮かぶ言葉や考えを自由に連想しながら話すことが求められる。精神分析的な心理療法の一つであり，自由連想法で語られた内容にはクライエントの無意識が反映されていると考えられている。ジグムント・フロイトによって提唱された。
自律訓練法	「腕と足が温かい」「腕が重たい」など身体を弛緩させる自己暗示の練習によって，段階的に全身の緊張を解き，鎮静状態に移行させる訓練法。疲労回復やストレス解消などの効果が期待できる。心身症や神経症に関わる症状，ストレス解消，精神統一などに効果があるといわれている。

集団心理療法	通常10人前後の小集団を対象として，参加するメンバーのそれぞれが自分の思ったことや感じたことを語ることを通じて実践される心理療法。同じ問題を抱える人たちや，同じような立場の人たちを集めて行われる。集団の相互作用を活用して，参加者の人格変容，自己認知の促進，対人関係の改善等を図ることを目的としている。グループカウンセリング，エンカウンターグループ，セルフヘルプグループ，心理劇などがある。
心理教育（家族心理教育）	精神医療の領域で精神障害（主に統合失調症）の再発防止に実施されることが多い。家族が対象となる場合は家族心理教育と呼ばれる。専門家が疾病や症状の正しい知識や情報を説明し，病気や障害に関わる問題への対処方法を習得してもらうことによって，療養生活を主体的に営めるように援助する。心理面への十分な配慮も同時に行う。ひきこもり，不登校，摂食障害などに適用されることもある。
心理劇	アメリカの精神科医モレノが創始した集団心理療法の一種。サイコドラマとも呼ばれる。メンバーには即興劇の中で特定の役割を演じることが求められる。役割演技をする中で心の深層に触れ，自分の内面を洞察したり，他者への共感が生まれたりすることをねらいとしている。また，演じることで創造性や自発性の発展が促されるとともに，カタルシス，他者との交流なども体験する。
森田療法	森田正馬によって創始された精神療法。不安障害の中でも心気症傾向のあるクライエントを主な対象とする。患者が症状へのとらわれから，不安や症状を何とか排除しようする「とらわれの機制」を打破し，むしろ不安や症状をそのままにしておく態度を養う。不安や恐怖を感じることを自然なこととしてとらえ，不安や恐怖を感じる「あるがままの自分」を受け入れていくことを目指す。
動作療法	臨床動作法とも呼ばれる。成瀬悟策によって考案された心理療法である。いわゆるカウンセリングが言葉を手段として進められるのに対し，動作療法は身体的な「動作」を手段として用いる。動作療法では，クライエントが身体を動かそうとして意図した動作を実現しようと努力する体験を重視する。それによってクライエントが内面の洞察や自己統制感を得ることをねらいとしている。
内観療法	内観3問と呼ばれる，過去から現在に至るまでの身近な家族や知人との関係のなかで「してもらったこと」「して返したこと」「迷惑かけたこと」を振り返り，徹底的に自己を見つめなおす。それにより，自分本来の生き方をつかみ，人生観や行動の修正を図る心理療法。吉本伊信が浄土真宗の精神修養法を元に考案した。外部の刺激を遮断した狭く静かな薄暗い部屋で1週間にわたり行う「集中内観」と，集中内観を体験した後に日常生活の中で繰り返す「日常内観」がある。
認知療法	アーロン・ベックによりうつ病の治療法として始められた心理療法。患者のかたよった物事のとらえ方（認知）に焦点を当て，修正してい

	くことで，クライアントが自らの否定的自動思考に気づき，柔軟で現実的な考え方や行動ができるようになることを目指す。うつ病の他，不安神経症や強迫神経症，身体化障害にも適用される。
箱庭療法	ユングの理論をもとにドラ・カルフによって確立された心理療法。木箱に入った砂の上に人，動物，建物などのミニチュアを配置することで自己イメージや感情を表現する心理療法。カタルシス効果による自己治癒力の発揮が期待される。言語を必要としない療法であるため，内的な感情を言語化することが困難な対象に対して特に有効である。
遊戯療法	アンナ・フロイト，メラニー・クラインなどが提唱。子どもは自分の問題や言語化できない感情を，言葉ではなく遊びの中で表現するとの考えに基づき，セッションでは，子どもを自由に遊ばせる。セラピストは子どもの遊ぶ様子を詳細に観察し，心の状態の理解に努め，治療に役立てる。子どもが遊びの中でありのままの自己を表現できると，それがカタルシス効果となって自己治癒力を発現させる。効果としては，葛藤のカタルシス効果，主体性や能動性の獲得，セラピストとの関係性による自己の感情調整や社会的適応力の習得が挙げられる。

出所：筆者作成。

注
(1) 前田重治（1985）『図説臨床精神分析学』誠信書房。
(2) 川上範夫（1995）「精神分析療法」野島一彦編『臨床心理学への招待』ミネルヴァ書房，94〜100頁。
(3) 河合隼雄（1967）『ユング心理学入門』培風館。
(4) 川上範夫（吉村仁・宇津貴志協力）（2015）「図説による心理臨床論の理解」『九州産業大学大学院臨床心理センター臨床心理学論集』10，3〜11頁。
(5) 大野裕訳（1990）『認知療法——精神療法の新しい発展』岩崎学術出版社。
(6) 岩本隆茂・大野裕・坂野雄二編（1997）『認知行動療法の理論と実際』培風館。
(7) ベック，A. T. ほか／坂野雄二監訳（2007）『新版　うつ病の認知療法』岩崎学術出版社。
(8) 上野一彦・岡田智編著（2006）『特別支援教育「実践」ソーシャルスキルマニュアル』明治図書出版。
(9) (6)と同じ。
(10) 若島孔文（2001）「家族の現在と家族療法　家族療法の実際——短期療法の文脈から」『臨床心理学』1，447〜452頁。
(11) 西村智代（1999）「家族療法」氏原寛ほか編『カウンセリング辞典』ミネルヴァ書房，101〜103頁。
(12) 中釜洋子（2010）「家族療法としての親子面接」『臨床心理学』10，854〜859頁。
(13) (12)と同じ。

⑭　水島広子（2011）「うつ状態に対する対人関係療法」『治療』93（12），2421～2424頁。

⑮　杉山崇（2019）「カウンセリングで効果を上げる『対人関係療法（IPT）』とは〈https://www.recurrent.co.jp/article/interpersonal-therapy-01/　2021年11月26日閲覧〉。

⑯　近藤真前（2018）「一般外来におけるうつ病に対する対人関係療法」『精神神経学雑誌』120（5），408～415頁。

参考文献

アルバート，P. A.・トルーマン，A. C.／佐久間徹・谷晋二監訳（1992）『はじめての応用行動分析』二瓶社。

今本繁（2016）『自分を変えたい人のための ABC モデル』ふくろう出版。

ウィニコット，D. W.／橋本雅雄訳（1979）『遊ぶことと現実』岩崎学術出版社。

エリクソン，E. H.／小此木啓吾訳編（1973）『自我同一性――アイデンティティとライフサイクル』誠信書房。

小此木啓吾（1971）『現代精神分析Ⅰ・Ⅱ』誠信書房。

河合隼雄（1967）『ユング心理学入門』培風館。

川上範夫（2012）『ウィニコットがひらく豊かな心理臨床』明石書店。

川上範夫（吉村仁・宇津貴志協力）（2015）「図説による心理臨床論の展開」『九州産業大学大学院臨床心理論集』10，3～11頁。

スィーガル，H.／岩崎徹也訳（1977）『メラニークライン入門』岩崎学術出版社。

タスティン，F.／平井正三監訳（2005）『自閉症と小児精神病』創元社。

バリント，M.／中井久夫訳（1978）『治療論から見た退行――基底欠損の精神分析』金剛出版。

ビオン，W. R.／福本修，平井正三訳（2002）『精神分析の方法――セブンサーヴァンツ』法政大学出版局。

平井啓・本岡寛子（2020）『ワークシートで学ぶ問題解決療法――認知行動療法を実践的に活用したい人へ実践のコツを教えます』ちとせプレス。

フェアベーン，R.／山口泰司訳（1995）『人格の精神分析学』講談社。

フロイト，A.／黒丸正四郎ほか訳（1982）『自我と防衛機制』岩崎学術出版社。

ベック，J. S.／伊藤絵美・神村栄一・藤澤大介訳（2015）『認知行動療法実践ガイド――基礎から応用まで（第2版）』星和書店。

丸田俊彦（1992）『コフート理論とその周辺』岩崎学術出版社。

学習課題

① 精神分析の無意識という考え方は誰のどのような考えから始まったものなのか，説明してみよう。

② フロイトとユングの無意識論の違いを説明してみよう。

③ 対象関係論，独立派の考えによって臨床実践がどのように発展したか，説明してみよう。

④ 認知行動療法は行動療法と認知療法がどのように組み合わさって発展してきた心理療法であるのかまとめてみよう。

⑤ 社会的技能訓練（ソーシャルスキルトレーニング）の技法は福祉の現場でどのように実践できそうですか？　誰を対象に何を支援するか（たとえば，精神障害者の就労支援），できるだけ具体的に考えてみよう。

⑥ 応用行動分析（ABC 分析）の考え方をまとめてみよう。

⑦ 自分自身が取り組んでみたい行動を一つ挙げ，望ましい行動を強化するのに効果的な随伴性を考えてみよう。

⑧ 家族療法の手法の中で興味をもったものについて，自分で調べてみよう。

⑨ ブリーフ・セラピーで関心をもった質問技法について，詳しく調べてみよう。

⑩ 対人関係療法の特徴についてまとめてみよう。

第18章

心の専門家——公認心理師

公認心理師は心理職の国家資格である。本章では，公認心理師の基礎知識として，公認心理師の歴史，業務と義務，公認心理師になるためのコースについて概説する。

心理職の国家資格化の動きは1960年頃からすでにあったが，当時は心理支援に対する社会的な関心がまだ低く，実現には困難を極めた。一方，代表的な心理職民間資格としての臨床心理士が，1988（昭和63）年に活動を開始した。その当初の業務は，臨床心理面接，臨床心理査定，臨床心理的地域援助，臨床心理調査・研究の4つを基本としていた。

以後，臨床心理士の活動は拡がっていった。まず文部科学省のスクールカウンセラー活用事業に臨床心理士が任用され，全国の公立中学校に配置された。また，震災への被災者支援，学校における事件・事故への緊急支援，産業メンタルヘルスでの EAP（従業員プログラム）実施など，臨床心理士の活動領域は医療，教育，福祉，産業，司法と多岐に拡がった。2018（平成30）年には約4万人が心理の専門職として勤務し，その中でも医療領域の臨床心理士が全体の4割をも占めるようになった。[1]

長い年月の中で心のケアの必要性に対する認識が拡がるとともに，心理職の活動の場が拡がっていった。心理職の国家資格化の要請が高まり，ようやく公認心理師が誕生したのは2018（平成30）年であった。国家資格としては，1987（昭和62）年に社会福祉士と介護福祉士，1997（平成9）年に精神保健福祉士がすでに誕生しており，それらに大きく遅れての誕生であった。実現に至るまでの先人たちの尽力のほどはいかほどであったか，その50年の過程の詳細は別紙

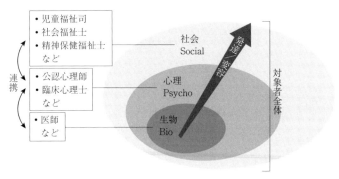

図18-1　生物・心理・社会モデル

注：支援対象者の発達的視点に立った多層的・包括的な理解を示すモデルに，それぞれ
　　の層に関連する代表的な職種を示した。公認心理師には，心理職としての専門性と同
　　時に，対象者に対して異なる視点をもった他の領域の職種との連携・協働が求められ
　　ている。
出所：日本心理研修センター（2018）『公認心理師現任者講習テキスト』より筆者作成。

に譲る。(2)(3)

　公認心理師は公認心理師法を根拠とする。「心理師」の名称は公認心理師法
第44条において有資格者以外の使用を禁じているが，「心理士」の使用は禁じ
ておらず，現在のところ臨床心理士など民間資格と併存している状況にある。
公認心理師は臨床心理士と類似の性質をもつが，養成期間が臨床心理士2年に
対し公認心理師は6年であるなどの違いも存在する。

　公認心理師に求められる業務は公認心理師法第2条に定められており，その
内容を要約すると次の4つとなる。①心のケアを要する人への心理状態の観察
とその結果の分析，②心のケアを要する人に対する相談・助言・指導・その他
の援助，③心のケアを要する人の関係者に対する相談・助言・指導・その他の
援助，④心の健康に関する知識の普及を図るための教育と情報の提供。ここで
既存の臨床心理士との重要な相違点として，公認心理師は，要支援者とその関
係者に対する心理支援だけでなく，④にある通り，日本国民の心の健康の保持
増進の役割を期待されていることが挙げられる。

　また，特筆すべき点として，公認心理師の業務は**多職種との連携**を前提とし
ていることが挙げられる。図18-1に，支援を要する人を生物学的・心理的・

図 **18-2**　公認心理師が従事する 5 領域

出所：筆者作成。

社会的に理解するモデル（以下，**生物—心理—社会モデル**）と，その支援に関連する専門職種を示した。⁽⁴⁾対象者の身体，心，社会生活を切り離すことなく支援を提供することの重要性，および支援全体の枠組みの中で心理職がどのような立場で，どのような実務を求められているのかを常に意識することの重要性を示している。

　図18-2には，公認心理師が従事する 5 つの領域を示した。最近は，支援の場所や対象に応じて，「チーム医療」「チーム学校」など，「チーム〇〇」という表現によって多職種連携による協働の意識が高まっている。将来，公認心理師としていずれの領域に勤務するとしても，その実務には連携に基づく協働が前提であることを意識しておかれたい。

　連携に際しては，心理職の自分たちが何を目的にどんなことを行っているのかを他の職種の専門家達に明瞭に説明すること（説明責任という），「職業倫理の 7 原則⁽⁵⁾」（表18-1）に示される高い倫理観を基づいて実務を遂行することも求められている。国家資格としての公認心理師の実現に取り組んできた奥村は，⁽⁶⁾連携の重要性を以下のように述べている。「臨床心理技術の専門性に連携が加わることの意義は重要である。すなわち，医療・福祉領域のみならず，最近文科省が打ち出しているチーム学校の理念においても，さらに司法・矯正・警察領域においても，仕事が他専門職の仕事と相乗効果をもって対象の福祉に資するためには不可欠な視点である」。

　なお，公認心理師と比較されることの多い**社会福祉士**や**精神保健福祉士**は，

表 18-1　職業倫理の 7 原則

第 1 原則	相手を傷つけない，見捨てない。
第 2 原則	専門的な行動の範囲内で，相手の健康と福祉に寄与する。
第 3 原則	相手を利己的に利用しない。多重関係を避ける。
第 4 原則	一人ひとりを人間として尊重する。
第 5 原則	秘密を守る。秘密保持。
第 6 原則	インフォームド・コンセントと相手の自己決定権の尊重。
第 7 原則	全ての人を平等に扱い，社会的な正義と公正・平等の精神を具現する。

出所：金沢吉展（2006）『臨床心理学の倫理をまなぶ』東京大学出版会。

福祉の専門的な知識を使って，相談者本人やその家族を取り巻く福祉施設や行政機関，地域サービスなどと連携しながら，その人らしい生活を送ることのできるようにトータルな支援を行う専門職である。たとえば，精神科単科病院においては，精神保健福祉士は，精神疾患をもつ患者の地域生活や日常生活の質の向上を目指して，退院や就労などの支援を行う。チーム医療においては，治療を行う医師，心理的支援を行う公認心理師，社会福祉的な支援を行う精神保健福祉士の連携は非常に重要であり，その連携のあり方が患者の症状の改善や生活の質に影響を及ぼすといっても過言ではない。

　さて，公認心理師になるには，3 つのルートがある。①公認心理師養成大学で 4 年間「指定科目」を履修した後，大学院で 2 年間「指定科目」を履修する，②公認心理師養成大学で 4 年間「指定科目」を履修した後，大学院に進学せず，「特定の施設」で 2 年以上就業しつつ実習プログラムを完了する，③上記①②と同等以上の知識および技術を有する。3 つのコースのいずれかを満たすことで受験資格が与えられ，年 1 回行われる国家試験に合格することで公認心理師の資格が与えられる。養成大学および大学院の情報や指定科目に関する情報など，資格取得に関連する情報は，日本心理研修センターのホームページ（http://shinri-kenshu.jp）に最新の詳細が出ているのでご覧いただきたい。

注

(1)　黒木俊秀・村瀬嘉代子（2018）「わが国における心理職の職域と役割」『臨床心理学』18（4），387～390頁。

(2)　奥村茉莉子（2016）「公認心理師法成立までの経緯と現状および今後の課題について」『精神科治療学』31（9），1111～1116頁。

(3)　野島一彦編（2016）『公認心理師への期待』日本評論社。

(4)　日本心理研修センター（2018）『公認心理師現任者講習テキスト』金剛出版。

(5)　金沢吉展（2006）『臨床心理学の倫理をまなぶ』東京大学出版会。

(6)　(2)と同じ。

参考文献

野島一彦編（2017）『公認心理師入門——知識と技術』日本評論社。

学習課題

①　公認心理師が行う4つの業務とは何か思い出してみよう。

②　福祉の現場における公認心理師との連携にはどのような例がありますか？　思いつく限り書き出してみよう。

おわりに

　本書の著者の多くが所属する関西福祉科学大学は，開学当時社会福祉学部社会福祉学科の一学部一学科からスタートしました。その後，社会福祉学部内に臨床心理学科が開設され，現在は心理科学部として独立しています。その間の一時期，本書の監修者である杉本敏夫先生が社会福祉学部長を務められておられました。心理学の専攻が社会福祉学部に含まれることは珍しく，異分野でありながらも近接分野である心理学と社会福祉学の教員が肩をならべて杉本先生指導のもと学部運営を行っておりました。

　以上のような学部学科の経緯の中に，今回の企画の趣旨が含まれると考えています。すなわち，本書の著者の多くは社会福祉学をご専門とする先生方とコミュニケーションをとることが多く，身近に社会福祉の精神を感じている心理学の専門家です。本書は，このような環境下で教育・研究に従事している心理学の専門家により執筆された，社会福祉の初学者が手にする入門書です。心理学の教科書でありながらも，いたるところに社会福祉の精神がちりばめられたものとなりました。

　この本で得られる心理学の知識を，知識として覚えるだけでなく，現場での実践に取り入れていただくことが必要です。また，日々の活動や個人生活にも活かしたり，ご自身の体験と照らし合わせて，この本で得たことをぜひ身近なものにしていただきたいと思います。そのように能動的に取り組むことで，知識がより定着しやすくなります。

　身近なものに置き換えて考えてみることには，他にも良い効果があります。たとえば，ご自身，あるいは家族，友人，身近な人たちに対して，「どうしてこんな行動をしてしまうのか」「どうしてこんな発言をしてしまうのか」など納得できないと感じた時に，学んだ心理学の用語を使って説明してみてください。そうすると，その行動を客観的にさらに深く理解でき，新たな気づきが得られると同時に，気持ちも少し落ち着くはずです。

　この本に書かれていることは，あくまでも基礎的な知識に過ぎません。この

本で得た知識をもとに，今後の心理学の発展や最先端の研究成果などにも関心をもち，新しい情報を得て，それをまた実践に取り入れていただけたらと思います。この本を読んだみなさんがそのようにしていただくことで，心理学自体もわたしたちの生活も豊かになっていくと思います。

　心理学の研究はまだまだ発展の途中にあって，現場や実生活における複雑な現象をすべて解明できるほど進んでいるわけではありません。そのような未解決の問題について，実践者や研究者，そして，身近な人たちともぜひ話し合ってみてください。そうした日常での取り組みもまた心理学の進歩を導き，さらには社会福祉の充実につながっていくと考えます。

　最後に，各執筆者およびミネルヴァ書房の皆様に心より感謝申し上げます。

2021年12月

編者一同

人名さくいん

事項さくいん

監修者紹介

杉本　敏夫（すぎもと・としお）

　　現　在　関西福祉科学大学名誉教授
　　主　著　『新社会福祉方法原論』（共著）ミネルヴァ書房，1996年
　　　　　　『高齢者福祉とソーシャルワーク』（監訳）晃洋書房，2012年
　　　　　　『社会福祉概論（第3版）』（共編著）勁草書房，2014年

執筆者紹介（執筆順，＊印は編者）

相谷　登（第1・2章）
関西福祉科学大学心理科学部教授

西元　直美（第3章）
関西福祉科学大学教育学部准教授

松本　敦（第4章）
関西福祉科学大学心理科学部講師

治部　哲也（第5章）
関西福祉科学大学健康福祉学部教授

木村　貴彦（第6章）
関西福祉科学大学健康福祉学部教授

島井　哲志（第7章）
関西福祉科学大学心理科学部教授

＊多田　美香里（第8章，各部イントロダクション）
編著者紹介参照

加藤　美朗（第9章）
関西福祉科学大学教育学部准教授

松中　久美子（第10章第1・3節）
関西福祉科学大学健康福祉学部教授

＊宇惠　弘（第10章第2節，第12章第4節）
編著者紹介参照

谷向　みつえ（第11章，第12章第1～3節）
関西福祉科学大学心理科学部教授

＊木村　志保（第13章第1節，第16章）
編著者紹介参照

福田　早苗（第13章第2～5節）
関西福祉科学大学健康福祉学部教授

長見　まき子（第14章）
関西福祉科学大学健康福祉学部教授

津田　恭充（第15章）
関西福祉科学大学心理科学部准教授

川上　範夫（第17章第1節）
一般社団法人造人（つくりびと）代表理事

久保　信代（第17章第2・3・7節，第18章）
関西福祉科学大学心理科学部教授

築地　典絵（第17章第4～6節）
関西福祉科学大学教育学部准教授

［コラム執筆者］

コラム1　吉岡　裕（精神保健福祉士）

コラム2　松本　雄己（事務職・社会福祉）

コラム3　吉田　望（母子支援員）

コラム4　阪本　香乃蘭（保育教諭）

コラム5　畑中　良子（MSW）

編著者紹介

宇惠　弘 （うえ・ひろし）
　　現　在　関西福祉科学大学心理科学部教授
　　主　著　『人格発達心理学』（共著）ナカニシヤ出版，2004年
　　　　　　『学校教育心理学　改訂版』（共著）福村出版，2013年

多田　美香里 （ただ・みかり）
　　現　在　関西福祉科学大学心理科学部教授
　　主　著　『高齢者のための心理学』（共著）保育出版社，2008年
　　　　　　『基礎から学べる医療現場で役立つ心理学』（共著）ミネルヴァ書房，2020年

木村　志保 （きむら・しほ）
　　現　在　関西福祉科学大学心理科学部准教授
　　主　著　『キーワードと22の事例で学ぶソーシャルワーカーの仕事』（共編著）晃洋書房，
　　　　　　2013年
　　　　　　『学び考え実践力をつける家庭支援論』（共編著）保育出版社，2014年

最新・はじめて学ぶ社会福祉②
心理学と心理的支援

2022年3月31日　初版第1刷発行　　　　　　〈検印省略〉

定価はカバーに
表示しています

監　修　者　　杉　本　敏　夫

編　著　者　　宇　惠　　　弘
　　　　　　　多　田　美香里
　　　　　　　木　村　志　保

発　行　者　　杉　田　啓　三

印　刷　者　　坂　本　喜　杏

発行所　　株式会社　ミネルヴァ書房
　　　　　607-8494　京都市山科区日ノ岡堤谷町1
　　　　　電話代表　（075）581-5191
　　　　　振替口座　01020-0-8076

ISBN 978-4-623-09157-7

Printed in Japan

杉本敏夫　監修

———— 最新・はじめて学ぶ社会福祉 ————

全23巻予定／Ａ５判　並製

順次刊行，●数字は既刊

———— ミネルヴァ書房 ————

https://www.minervashobo.co.jp/